WIZARD

デイトレードの基本と原則

戦略、資金管理、規律、心理を学ぶための総合ガイドブック

アンドリュー・アジズ[著]
長尾慎太郎[監修]　井田京子[訳]

Pan Rolling

How to Day Trade for a Living:
A Beginner's Guide to Trading Tools and Tactics, Money Management,
Discipline and Trading Psychology
by Andrew Aziz

Copyright © 2016 by Andrew Aziz

Japanese translation rights arranged with Andrew Aziz
through Japan UNI Agency, Inc.

免責事項

本書の著者とベア・ブル・トレーダース（http://www.bearbulltraders.com、以下「当社」、社員や契約者や株主や関係会社を含む）は、投資顧問サービス業者でも、個人向け投資顧問業者でも、証券会社でもないため、顧客に売買すべき証券の助言は行っていない。また、読者は証券のトレードは非常に高いリスクが伴うことを理解しておく必要がある。当社および著者、出版社とその関係会社は、読者のトレード結果や投資結果についていかなる責任も負担も負わないものとする。当社のウェブサイトや出版物に掲載されている文章はその掲載日現在におけるものであり、予告なしに変更されることがある。当社の製品で紹介している手法やテクニックや指標は、利益が上がることや損失が出ないことを約束するものではない。また、当社製品の指標、戦略、規則などすべての機能（以下「当情報」）は、情報提供と教育目的でのみ提供しているもので、投資の助言ではない。紹介した例も教育目的でのみ掲載している。そのため、読者は当情報のみに基づいてトレードや投資の判断を下すべきではない。むしろ、当情報はトレードや投資に関する読者自身の見解を形成するためのさらなる調査のきっかけとして活用すべきものである。投資家やトレーダーは、いかなる投資においてもその適合性については必ず認定金融顧問や税務顧問に相談のうえで判断してほしい。

監修者まえがき

　本書は専業のデイトレーダーであるアンドリュー・アジズの著した
"How to Day Trade for a Living : Tools, Tactics, Money Manage-
ment, Discipline and Trading Psychology" の邦訳で、デイトレード
を仕事として行い、生活していくための入門書である。デイトレード
そのものの歴史はインターネットの出現以降（特に、ディスカウント
ブローカーの登場やナスダックレベル２へのアクセス解放以降）であ
り、まだ20年ほどと浅いが、すでに人口に膾炙しており、これまで多
くの成功者を生んできた。

　さて、著者は本文中で、稼げるデイトレーダーになるには半年～１
年のトレーニング期間が必要であることを何度も述べて、デイトレー
ドが必ずしも簡単ではないことを強調しているが、むしろ逆に、わず
か１年の修行で食べていけるプロのレベルに達することができる職種
はそれほど多くはないだろう。デイトレードは性別や年齢、出自や居
住地と言った属性を問わず、すべての人に可能性が開かれており、や
ってみる価値のある挑戦だと言える。

　本書を読まれる人は、デイトレード戦略にまず目が行くかもしれな
い。実際、黎明期のデイトレード本の多くはさまざまな技法の紹介を
売りにしてきた。しかし、デイトレードは特定の銘柄に複雑で高度な
戦略を適用するゲームではなくて、分かりやすいコンセプトの戦略に
適合する銘柄を素早く検索して行動するゲームである。銘柄を固定し
て戦略を選択するよりも、戦略を固定して銘柄を選択したほうが、よ
り簡単で優位に事を運べるからである。だから、戦略自体は本書にあ
る枯れたもので十分なのだ。むしろ職業としてのデイトレーダーを目
指す人には、プロセスの大切さやトレード仲間のコミュニティーを持
つことの意味、さらにはメンターの存在の重要性に関する記述を熟読

1

玩味することを強く推奨したい。

　金融市場は自分一人の力で攻略するにはあまりにも手強く、ゆえに先達の力を借りる必要があるが、トレードの世界はスポーツやビジネスと違って、コーチングは原理的に不可能である。なぜなら、支援される側の人間は知識や経験に乏しいゆえにコーチングに必要なゴールやスコープを自分で正しく設定することができないし、そもそもトレードスタイルは人によって千差万別だからだ。したがって、初心者ができる最善の策は、実践コミュニティーに所属して知識や技術の向上を進めること、および理想的なメンターを得て共に課題解決を図っていくことになる。本書は、デイトレードの学び方を良心的かつ網羅的に記述したきわめて稀有な教科書である。書かれた手順を踏んで練習すれば、上達が進むことが期待できるだろう。

　翻訳にあたっては以下の方々に心から感謝の意を表したい。まず井田京子氏には正確で読みやすい翻訳を、そして阿部達郎氏は丁寧な編集・校正を行っていただいた。また本書が発行される機会を得たのはパンローリング社社長の後藤康徳氏のおかげである。

　2018年9月

　　　　　　　　　　　　　　　　　　　　　　　　長尾慎太郎

CONTENTS

監修者まえがき　　　　　　　　　　　　　　　　　　　　1

第1章　はじめに ──────────── 7

第2章　デイトレードの仕組み ──────── 19

デイトレードとスイングトレードの違い　　　　　19

買いと空売り　　　　　　　　　　　　　　　　　22

小口トレーダーとプロのトレーダーの違い　　　　25

高頻度トレード（HFT）　　　　　　　　　　　　28

最高のトレードだけを執行し、あとは見送る　　　32

第3章　リスクと口座管理 ───────── 39

3ステップのリスク管理　　　　　　　　　　　　46

トレード心理　　　　　　　　　　　　　　　　　48

第4章　トレードに適した銘柄の見つけ方 ─── 57

インプレー銘柄　　　　　　　　　　　　　　　　59

浮動株と時価総額　　　　　　　　　　　　　　　63

プレマーケットの窓　　　　　　　　　　　　　　66

日中のリアルタイムのスキャニング　　　　　　　69

スキャニングに基づいてトレード計画を立てる　　73

第5章	ツールとプラットフォーム	75

どの証券会社を使うか	75
トレード用プラットフォーム	78
リアルタイムのマーケットデータ	79
ナスダックのレベル2とビッド・アスク	80
私がチャートに表示している指標	82
買い注文と売り注文	84
ホットキー	88
ウオッチリストとスキャナー	92
トレーダーのコミュニティー	93

第6章	ローソク足	97

プライスアクションと群衆心理	99
強気のローソク足	101
弱気のローソク足	101
様子見のローソク足	104
ローソク足パターン	108

第7章	最も重要なデイトレード戦略	111

トレード管理とポジションサイズ	113
戦略1 —— ABCDパターン	120
戦略2 —— ブルフラッグモメンタム	124
戦略3と戦略4 —— リバーサルトレード	131
戦略5 —— 移動平均線のトレンド戦略	145
戦略6 —— VWAP戦略	152
戦略7 —— 支持線・抵抗線戦略	157

戦略8 ——レッド・トゥ・グリーン戦略	166
戦略9 ——オープンレンジブレイクアウト戦略	169
そのほかのトレード戦略	175
自分に合った戦略を立てる	177
特定の時間帯のトレード	179

第8章 トレードで成功するための手順 ——— 183

ウオッチリストの作成	183
トレード計画（仕掛け、手仕舞い、損切り）	183
執行	184
トレードの過程	184

第9章 新人トレーダーの次のステップ ——— 195

デイトレードの7つの必須事項	195
私のブログとユーチューブのまとめビデオ	220
最後に	225

| 用語解説 | 233 |

第1章 はじめに

Introduction

　これから、デイトレードの基本と、デイトレードがそれ以外のトレードや投資と違う点を説明していく。また、その過程で、多くのトレーダーが日々使っている重要なトレード戦略も紹介していく。本書はあえてページ数を少なくしている。そうすれば、途中で投げ出さずに最後まで読み終えることができると思ったからだ。私たちは常にインターネットや電子メール、フェイスブックやインスタグラムなどの通知や、スマートフォンやタブレットに入れているたくさんのアプリによって集中を乱されている。そこで、本書は簡潔で実践的なものにしたのだ。

　もしあなたがトレードの初心者ならば、トレードを、いつ、どのように始めるか、デイトレードで何が期待できるか、独自の戦略をどう構築すればよいかなどといったことを、本書を読むことで理解できる。ただ、この本を読むだけで、儲かるようになるわけではない。トレードは、本を1冊や2冊読んだだけで、安定的に利益が上げられるようになるものではない。それでも、練習と、正しいツールやソフトウェアと、適切な学習を継続することで利益を上げられるようにはなる。詳しくは後述する。

　本書では、この第4版から巻末にデイトレードでよく使われている言葉を集めた便利な用語集を加えた。本書を読んでいて分からない言

7

葉があれば活用してほしい。デイトレードの専門用語を分かりやすい言葉で説明してある。

　もしあなたが中級程度のトレーダーならば、多くの個人トレーダーが効果的に使っている典型的な戦略のいくつかをまとめた情報が役に立つだろう。中級者以上の人であれば、最も重要なデイトレード戦略をまとめた第7章から読み始めてもよい。ただ、できればそれ以前の部分にもざっと目を通しておくことを勧める。複雑な新しい戦略を毎日マスターしなくても、継続的に利益を上げていくことはできる。第7章で紹介した戦略は、多くのトレーダーが何十年にもわたって使ってきたものだ。これらの戦略はこれまでうまくいってきたものなので、しっかりと会得する必要がある。ただ、よく知られた単純な戦略を使いこなせるようになったあとは、それを時間をかけて自分の性格やマーケットの状況に合わせて調整していく必要がある。トレードで成功するために必要なのは、革命ではなく、進化なのである。

　デイトレードですぐにお金持ちになるということはできない。このことは、本書の最も重要な教えだと思っている。デイトレードは、ギャンブルや宝くじとはまったく違う。これについて多くの人が誤解しているが、本書を読み終わったときにその違いを理解してくれていればうれしい。デイトレードは一見簡単に見える。しかし、こんなデータもある。通常、証券会社は顧客のトレードに関する統計を公表していないが、過去にマサチューセッツ州立裁判所が証券会社に公開を命じた記録によれば、デイトレードを始めて6カ月後に利益を上げていたトレーダーはわずか16％しかいなかった。つまり、あなたも損失を出していた残り84％の1人に簡単になり得るということだ。

　そこで、私のデイトレードの最初のルールを紹介しよう。

ルール1──デイトレードですぐにお金持ちになることはできない。

多くの人が、デイトレードは簡単だと誤解している。「安く買って、高く売る」「押し目で買い、戻りで売る」だけだと思っているのだ。繰り返しになるが、デイトレードは一見簡単そうだが、実際はそんなに甘いものではない。

もしそんなに簡単ならば、みんなが成功しているはずだ。つまり、デイトレードは簡単ではないし、すぐに大儲けできるものではないということを、肝に銘じておく必要がある。株式市場で簡単に大儲けできると誤解している人は、本書を読むのをやめて、デイトレード用に貯めたお金で家族旅行でもしたほうがよい。そのほうが、株式市場でなくすよりもはるかに満足のいくお金の使い方になるだろう。

いろいろ書いてきたが、それでもデイトレードは儲かる仕事になり得る。ただし、これは非常に厳しい仕事であり、初心者が気楽にできるようなことではない。安定的に利益を上げることができるトレーダーになるには時間がかかる。そして、長い学習過程のなかでは、多くの人が失敗したり、致命的な損失を被ったりすることになる。

第9章で、デイトレードをうまく始めるための実践的なステップを紹介していくが、成功するためには厳しい学習過程をたどる必要があるということを繰り返し記しておきたい。この学習過程のスピードを上げるためにできることはいくつもあるが、なくしてしまうことはできない。シミュレーション口座でトレードすると、学びは飛躍的にはかどる。シミュレーターで1日トレードすれば、実際に口座やオフラインで1週間練習するのと同じくらいの価値がある。

私はよく、トレーダーになってどれくらいで儲かるようになるのかと聞かれる。もしかしたら、1年くらいという話を聞いたことがあるかもしれない。プロのトレーダーのなかには、2年間は儲からないという人もいる。私の周りの優秀なトレーダーを見ると、6カ月になるころから利益が出始める人が多いように思える。しかし、それ以外は

１年かかる人もいる。平均すれば６～８カ月といったところだろう。本やオンライン講座などで、簡単な戦略を教えて「１日目から」とか１週間とか１カ月で利益が出るなどとうたっているのを見ると笑えてくる。そして、こんな本や講座にお金を出すのはどのような人だろうかと興味がわく。常に動いている画面を見ながら素早く売買注文を出していくためには、高いレベルの集中力と規律が必要となる。ちなみに、このような活動に引かれるのは、逆説的ではあるが、衝動的でギャンブラータイプの人たちでもある。

　デイトレードをするということは、世界で最も鋭い知性の持ち主と競っていくことでもある。マーケットには膨大な数のトレーダーがいる。デイトレードの主な目的は、ほかのトレーダーの資金を奪うことであり、相手もあなたの資金を狙っている。だからこれは知的に厳しい仕事なのである。お金は株式市場から生まれるのではない。マーケットにお金があるのは、ほかのトレーダーがつぎこんでいるからなのである。あなたが望むお金は、ほかのトレーダーのもので、彼らはそれをあなたに差し出すつもりはない。だからこそ、トレードは難しい仕事なのである。

　そこで、デイトレードのルール２となる。

ルール２──デイトレードは簡単ではない。これは真剣な仕事なので、そのつもりで取り組め。

　デイトレードは、知的な仕事として真剣に取り組まなければ成功することはできない。感情的にトレードすることは失敗の一番の原因である。成功するためには、規律と防御的な資金管理を実践する必要がある。優れたトレーダーは、スキューバダイバーがタンク内の空気の残量を常に注意しているのと同じくらい注意深く自分のトレードと資金量を確認している。

10

第1章　はじめに

デイトレードで勝つためには、単に平均以上というだけでは十分ではなく、みんなをはるかに上回っていなければならない。残念ながら、デイトレードは衝動的な人やギャンブラーや訳もなく勝てると思っている人たちを引きつける。しかし、あなたは彼らの1人になったり、彼らのような行動をとったりしてはならない。そうではなく、勝者の規律を身に付けるのだ。勝者の考え方や感じ方や行動の仕方は敗者のそれとは違う。自分自身を見て、幻想を捨て去り、それまでのやり方や考え方や行動を変える必要がある。自分を変えるのは難しいことだが、トレーダーとして成功したければ、自分の性格を変え、適応させていかなければならない。成功するためには、動機と知識と規律が必要なのである。

それではデイトレードとは何なのだろうか。実際には、デイトレードは仕事であり、医療や法律や工学とよく似ている。デイトレードにも正しいツールとソフトウェア、教育、忍耐、練習が必要なのである。実際のお金でトレードする前に、相当な時間をかけてトレードスタイルに関する本を読み、経験豊富なトレーダーのやり方を観察し、シミュレーション口座で練習しなければならないのだ。成功しているデイトレードは、毎日平均500〜1000ドルの利益を上げている。これは1カ月で1万〜2万ドル（月に20日トレードするとして）、1年で12万〜24万ドルになる。このような高給な仕事が簡単であるはずがない。医者も弁護士もエンジニアもそのほかの専門家も、何年にも及ぶ学校教育を受け、訓練と努力を積み、試験を経て、これぐらいの収入を得られるようになる。デイトレードだって同じことだ。

もしこれが簡単でなく、すぐにお金持ちになることができないとしたら、なぜデイトレードをしたいのだろうか。

デイトレードの魅力はライフスタイルにある。家で1日何時間か働き、好きなときに休みをとることができる。家族や友人と好きなだけ過ごすことができるし、上司に休暇のお伺いを立てる必要もない。あ

11

なた自身がボスなのだ。デイトレードは一種の自営業で、あなたは CEO（最高経営責任者）として仕事の重要な判断を下していくのである。

　デイトレードは、魅力的なライフスタイルを手に入れられるうえに、きちんと会得すれば毎日何千ドルもの利益を上げることだって可能になる。これは多くの仕事よりも高収入で、1日平均2000ドル以上稼いでいる人も個人的に何人か知っている。もちろん利益が低い日もあれば高い日もあるが、長期的に見れば、1日2000ドル以上稼いでいるのだ。どこにどのような形で住んだとしても、1日2000ドルの収入があれば、非常に満足のいくライフスタイルが維持できる。デイトレードの仕方を適切に学べば、トレーダーを引退するまで、どの場所からでも、好きなマーケットで利益を上げることができるようになる。これは実質的に好きなだけ紙幣を発行できるようなことだ。しかし、この新しい仕事のスキルを身に付けるためには、時間と経験が必要となる。

　もし自分の会社を持ちたいならば、デイトレードは、それを簡単に始める方法の1つでもある。デイトレーダーになることと、ピザ店やレストランを始めることを比較してみよう。レストランを開くためには、店舗を借り、機器をそろえ、店員を雇い、訓練し、保険に入り、営業許可を取得するなどたくさんの資金がいるが、それでも儲けが出るという保証はない。ほかの多くのビジネスも似たようなものだ。一方、デイトレードは、簡単な設備で始めることができる。トレード口座はすぐに無料で開設できるので、明日からでもトレードを始められる。もちろん、しっかり学ぶまでトレードをすべきではないが、始めるための準備は、ほかの仕事と比べると極めて簡単に整えることができる。

　また、デイトレードはキャッシュフローの管理が容易なビジネスでもある。株を買ってもうまくいかなければ、すぐに損切りすることができるからだ。例えば、輸入業と比べてみよう。自国で売るための商品を買い付けるときには、さまざまな困難が起こり得る。取引先、輸

送、税関、流通、販売、品質、顧客満足などで問題が起こり得るだけでなく、この間、資金を動かすことができない。すべてがうまくいかないかぎり、どうにもならないのだ。わずかな損失が出ただけで、会社を継続できなくなることもある。しかし、デイトレードの場合、もしうまくいかなければ、クリック1つで手仕舞うことができる（もちろん多少の損失は出る）。デイトレードは簡単にやり直すことができ、それはこの仕事の非常に望ましい特徴と言える。

また、デイトレードは簡単に廃業できる。もし自分に合わないとか、利益を上げることができないときは、すぐにトレードをやめ、トレード口座を解約し、資金を引き揚げればよい。それまでに使った時間とお金以外に、コストも違約金のたぐいもかからない。しかし、ほかの仕事や会社をやめるのは、これほど簡単ではない。店舗や事務所やレストランを閉鎖し、社員を解雇し、リースを解約したり機器を売却したりする必要があるからだ。

それでは、なぜほとんどの人がデイトレードで失敗するのだろうか。

この最大の疑問に関する理由は第8章と第9章で詳しく述べるが、一番の理由は多くの人がデイトレードを真剣な仕事として見ていないことだと思う。彼らは、デイトレードにすぐ簡単に大金持ちになれるギャンブルの一種として取り組んでいるのである。

それ以外にも、トレードを娯楽や面白い趣味のような感覚で始める人や、自分の評価を上げたり、自分を魅力的に見せたりする「クール」なことだと思って始めたがる人もいる。

素人は、マーケットでのトレードに短期的なギャンブルのスリルを求めて失敗する。彼らはマーケットを利用して遊びでトレードするだけで、デイトレードについて適切に学んだり深い知識を得たりする努力はしない。しかし、それでは何回か運良く利益が出たとしても、いずれマーケットの報いを受けることになる。

実は、これは私のことだ。私がトレードを始めたころ、アクイノッ

クス・ファーマシューティカル（AQXP）という会社の薬に関する良い研究結果が発表され、株価が２日間で１ドルから55ドル以上に急騰した。初心者だった私は、この株を４ドルで1000株買い、10ドル以上で売却した。これは素晴らしい出来事に見えるが、実はそうではなかった。私は初めてトレードして、ほんの何分かで6000ドル以上を稼いだため、マーケットで儲けるのは簡単だという印象を持ってしまったのだ。この非常に間違った意識を払拭するのには、長い時間と数回のひどい損失を被る必要があった。

最初のトレードは単なる幸運によるものだった。何も理解しないでやったことだ。それから２～３週間のトレードで、私はこの6000ドルをすべて失った。ただ、私の場合、最初にラッキーなトレードに当たったのは幸運だった。多くの人にとって、最初のバカなトレードが最後のトレードになる。初めてのトレードで資金をすべて失い、トレード口座を解約して、デイトレードをやめざるを得なくなる人が多くいるのである。

新人デイトレーダーは、自分がウォール街のプロのトレーダーや世界中の経験豊富なトレーダーと競っているという事実をけっして忘れてはならない。彼らは高度な設備と知識とツールを持っているだけでなく、最も重要なことは、彼らが利益を上げることに専念して真剣に取り組んでいるということである。

つまり、ルール２をけっして忘れてはならない。デイトレードは仕事であり、それも極めて真剣なものだ。毎日、早起きしてトレードするつもりの株についてマーケットが開くまでに完全な準備をしておかなければならない。レストランを始めたら、開店時間に準備ができていないなどということが考えられるだろうか。昼休みの時間に、具合が悪いとか、気分が乗らないとか、材料が足りなくて調理ができないなどといった理由で店を閉めることはできないだろう。常に準備を整えておかなければならないのだ。デイトレードという仕事もそれと変

わらない。

　デイトレードをするためには、適切なツールと、ソフトウェアと、教育が欠かせない。どんな仕事でもそうだが、成功するためには正しいツールが必要となる。そこで、デイトレードに必要となる基本的なツールを見ていこう。

1．事業計画

　どのような仕事にも言えることだが、デイトレードにもしっかりとした事業計画が必要だ。このなかには、どのような戦略を使うか、自分への教育にどれくらい投資するかといったことや、パソコン、複数の画面、スキャニングソフト、プラットフォームやそれ以外のツールなどが含まれている。私は、1年目の教育費として最低でも1500ドルは見ておくよう助言している。1500ドルというのは1週間あるいは1カ月の教育費としては高く感じるかもしれないが、人生全体として考えれば、たとえ金銭的に恵まれた人でなくても、本気でトレードを始めるつもりならば工面できる投資だと思う。

2．教育

　私は、適切な教育や訓練を受けずに新しい仕事を始める人がいることにいつも驚かされる。デイトレードは真剣な学びと継続的な練習が不可欠な仕事である。本の知識だけで手術をする人がいるだろうか。本を1冊読んでユーチューブの動画を何本か見ただけで、弁護士やエンジニアの仕事ができるだろうか。無理だ。デイトレードという仕事もそれと変わらない。本当のお金でトレードする前に、きちんとした教育を受け、少なくとも3カ月はシミュレーターで練習する必要がある。多くの人が、トレードの手法は2〜3のルールに集約でき、いつもそ

れさえ実行していればよいと思っている。しかし、現実のトレードに「いつも」はまったくない。トレードは状況ごと、1回1回のトレードごとにそれぞれ違うのである。

3．開業資金（現金）

どのような仕事にも言えることだが、トレードを始めるにもお金がいる。高性能のパソコンと3台のディスプレイの購入費と、トレードを始めるための十分な資金だ。デイトレードを含め、起業しても適切な開業資金がなかったために諸経費を厳しく管理できなくて失敗するケースが多くある。デイトレードで生活できるようになるまでには時間がかかる。最初はトントンの状況を維持していくために、十分な開業資金が必要なのである。新人トレーダーが、資金を温存するために必須の経費を削減してしまうこともよくある（正しい教育のための費用やツールやプラットフォームなど）。備えが足りないのに多くを望もうとしているのだ。しかし、それは苦悩と感情的なトレードの悪循環を生み出す。適切な開業資金があれば、初心者によくある間違いを犯しても、トレードをやめざるを得なくなる前に、早期に自分の弱点に気づくことができる。また、トレード用の資金量は、日々の目標の重要な要素であり、デイトレードで生計を立てるつもりならばなおさらだ。十分な資金がないのにデイトレードで生活していこうと思っている人の多くが、望むリターンを得るために高いリスクをとる。しかし、残念ながらそれをすればトレード口座そのものを失うことになる可能性が高い。

4．正しいツールとサービス

A．高速のインターネット回線

B．可能なかぎり最高の証券会社
C．注文を素早く処理できるプラットフォームでホットキーがあるもの
D．トレードすべき銘柄を探すためのスキャニングソフト
E．トレード仲間の助け

　このなかには、毎月お金がかかるものもある。ほかの仕事でも、毎月の電気代、ソフトウェア代、ライセンス料やリース料がかかるように、デイトレードでもインターネットの使用料、証券会社の手数料、スキャニングソフトやプラットフォームの使用料などがかかる。また、有料のチャットルームやトレーダーコミュニティーに入っていれば、その会費も必要になる。

第2章 デイトレードの仕組み

How Day Trading Works

　本章では、デイトレードの基本の多くを紹介するとともに、デイトレードがどういうもので、どのように利益を上げるのかという疑問にも答えていきたいと思う。また、本書後半に出てくる主要なツールや戦略の一部も紹介していく。もちろん、ツールは適切な使い方が分からなければ役には立たない。本書は、その使い方を学ぶための指針となる。

デイトレードとスイングトレードの違い

　最初に、気になる質問をしよう。デイトレーダーは何に注目しているのだろうか。

　答えは簡単だ。まず、動きが比較的予想できる株を探す。次に、それを日中にトレードする。ポジションは翌日に持ち越さない。例えば、今日アップルの株（AAPL）を買って、それを明日まで持ち越して売ることはしない。もしオーバーナイトで株を保有すれば、それはもうデイトレードではなく、スイングトレードなのである。

　スイングトレードは、ある期間（通常は1日から数週間）株を保有してから手仕舞うトレードスタイルだ。これはデイトレードとはまったく違うスタイルなので、同じ戦略やツールを使うべきではない。デ

19

イトレードは仕事だというルール２を思い出してほしい。スイングトレードも仕事だが、デイトレードとはまったく種類が違う仕事だ。スイングトレードとデイトレードの違いは、レストランの経営と食品配送会社の経営くらい違う。どちらも食品にかかわる仕事ではあるが、稼働時間から規制、市場区分、収益モデルまで内容はかなり違う。株をトレードするというだけで、デイトレードとほかのトレードスタイルを混同してはならない。デイトレーダーは、必ず市場が閉まるまでにポジションを手仕舞うのである。

　私を含む多くのトレーダーは、デイトレードとスイングトレードの両方を行っている。しかし、それはこの２つが異なる仕事であることを理解し、それぞれの教育プログラムを受けたうえでのことだ。デイトレードとスイングトレードの主な違いに、銘柄選択がある。私は、両方で同じ株をトレードすることはない。通常、スイングトレーダーは一晩ですべての価値が失われるようなことがない堅実な銘柄を探す。しかし、デイトレーダーは、もうすぐ破産しそうな銘柄を含めて何でもトレードする。大引け以降に何があっても関係ないからだ。実際、デイトレードの対象銘柄のなかには、近いうちに大幅に下げる可能性があり、オーバーナイトで保有するにはリスクが高すぎる銘柄がたくさん含まれている。

　ここでデイトレードのルール３を紹介しよう。

ルール３──デイトレードではポジションをオーバーナイトしない。そのため、損失が出たとしても必ずその日のうちに手仕舞う。

　このルールついては、過去に数人のトレーダーから、なぜ損失を出してまでその日のうちにポジションを手仕舞うのかという質問のメールが来た。もちろん損失は避けたいが、私はこれまで少額の損失が受け入れ難くて１日の終わりに突然計画を変更するトレーダーを何人も

見てきた。負けトレードは手放すべきなのに、翌日流れが変わることを「期待」して急遽、オーバーナイトで保有してしまうのだ。私自身もいくつかのデイトレードをスイングトレードに切り替えたことがあるが、結局、大きな代償を支払わされることになった。デイトレード銘柄の多くは、翌日になればより大きな損失を出すことが多い。デイトレードは、日々の計画を厳守しなければならない。その日のうちに手仕舞うはずのデイトレードは、けっしてスイングトレードに切り替えるべきではない。利益はすぐに手にしたいが、損失はトントンになるまで待ちたくなるのは、人間のよくある傾向である。

　また、「トレード」と「投資」は違うということも、ぜひ覚えておいてほしい。私は友人からよく次のような質問を受ける。

　「アンドリュー、君はトレーダーだろ、トレードのやり方を教えてくれよ」

　そこで彼らが何を期待しているのかを聞いていくと、ほとんどの人が投資をしたいと思っており、トレーダーとして仕事をしたいわけではないことが分かる。彼らは、投資信託に預ける代わりに、自分で投資をしたいと思っているのだ。トレーダーになりたいわけではない。しかし、トレードと投資の違いを知らないため、２つの言葉を区別しないで使っている。彼らの多くは、ある程度のお金を預金口座や退職金口座で保有しており、それを自分で投資して投資信託やそれ以外の運用会社よりも高いリターンを上げたいと思っているだけなのである。私は彼らにトレーダーと投資家の違いを丁寧に説明し、本当にトレーダーになりたいのかどうかを確認する。もちろん、彼らの多くは、トレーダーなんかになるつもりはない。

　また、マーケットや特定の銘柄について意見を聞かれることもよくある。例えば、友人や家族から次のように聞かれることがよくある。

　「アンドリュー、年末までにマーケットは上げるのかい、それとも下げるのかい」

「アップルが下げているけれど、これは買い時なのか。このあと上げると思うか」

私は「まったく分からない」と答える。

私はトレーダーであって、投資家ではない。つまり、長期トレードの研究はしていないし、投資家としての訓練も受けていない。長期投資の戦略を立てたこともない。マーケットが全体として6カ月後にどこに向かうのかも分からないし、アップルが明日どうなるかさえ分からない。私の仕事はトレードであって、投資ではない。私にとって、2年後のアップルの株価なんて、どうでもよいことなのだ。個人的には高くなればよいと思っているが、トレーダーとしての考えは個人的な希望とはまったく関係ない。もしアップルがその日のインプレー銘柄（第4章参照）で弱含んでいれば空売りするし、強含んでいれば買う。「空売り」と「買い」については次の項で説明する。私は、デイトレーダーとして、日中、短期的にトレードする訓練を受けており、それ以上のことは分からない。そして、その日に最も大きく動く株はどれかということのみに関心がある。私はどうすれば今日、利益を上げられるのかということにこだわっており、それこそが私の専門なのである。

一方、スイングトレーダーとしての私はマーケット全体の状況（ブル相場か、ベア相場か、横ばいか）についてある程度理解しているが、それは私がスイングトレーダーでもあるからだ。株のデイトレーダーが、必ずしも近い将来のマーケットの方向性を知っておく必要はない。デイトレーダーの時間の単位とは秒や分であり、まれに時間もあるが、日や週や月ということはない。

買いと空売り

デイトレーダーは、株価が上がることを期待して株を買う。これが買いまたはロングだ。もし私や仲間のトレーダーが「アップルを100株

ロングにした」と言えば、アップル株を100株買ったということで、より高い価格で売って利食いたいと思っている。価格が上がりそうなときは、買うとよい。

しかし、株価が下落しているときはどうだろうか。そのようなときは、空売りをして利益を上げることができる。デイトレーダーは、さらに下げたところで買い戻すことを期待して、証券会社から株を借りて売ることもできるのだ。これは空売り（ショート）と呼ばれている。「アップルをショートした」というのは、アップル株を空売りしたということで、その人はいずれ株価が下落すると思っている。空売りをするためには、株価が下げているときに証券会社にアップル株を100株借りる（トレード口座にはおそらく−100株と表示される）。つまり、いずれこの100株は証券会社に返還しなければならない。このとき、証券会社はお金ではなく、同じ銘柄を返すことを望んでいる。トレーダーは、借りたあとに株価が下がれば、空売りしたときよりも安く買って返還できるため、利益が出る。例えば、証券会社からアップル株を100株借りて、1株当たり100ドルで売ったとする。そのあと株価が90ドルに下げれば、90ドルで100株買ってそれを証券会社に返すと、1株当たり10ドル、つまり1000ドルの利益が出る。しかし、もし株価が110ドルに上がってしまったらどうなるだろうか。証券会社からはお金ではなく株を借りているため、やはり100株買って返さなければならない。しかし、1株当たり110ドルで100株買って証券会社に返すと、1000ドルの損失となる。

空売りは、借りた株が下げれば利益が出る。空売りが重要なのは、株価の下落のスピードのほうが上昇よりもずっと速い場合が多いからだ。これは、欲望よりも恐怖のほうがずっと強い感情だということを示している。そのため、空売りは、みんながパニックを起こして投げ売りをしているときに正しく行えば、驚くほどの利益を上げることができる。

23

ただ、マーケットで素晴らしい可能性を持つことすべてに言えることだが、空売りにもリスクがある。もしある株を５ドルで買えば、最悪の場合、その会社が破産して１株当たり５ドルの損失が出る。だが、この損失には限度がある。しかし、もし５ドルで空売りしたあとに、株価が下げるのではなく上げ続ければ、損失に限度はない。もしこの株が10ドル、20ドル、100ドルと上げていっても、それが限界ではないのだ。証券会社はあくまで株の返還を求めている。こうなると、トレード資金を使い果たすだけでなく、もし買い戻すための十分な資金がなければ証券会社から訴えられる可能性もある。

　空売りは合法的な活動で、それにはいくつかの理由がある。その１つは、空売りがマーケットにさらなる情報を提供しているからだ。通常、空売りをする人は、対象の会社が過大評価されていることを裏付けるための事実や問題点を確認するために、広範囲で合理的なデュー・デリジェンスをやり尽くしている。もし空売りがなければ、株価は不当に上昇し続けるかもしれない。空売りは、株価を適正に調整することで、マーケットの均衡と健全性を保っているのである。

　もし株価が下がると、あなたはなぜ証券会社が自ら空売りをせずに、あなたに株を貸すのか、という当然の疑問を持つかもしれない。答えは、証券会社が長期でポジションを保有しているからだ。空売りは、株を長期で保有している人にとっては、株を貸すことで追加的な収入を得る手段となる。貸株に応じる長期投資家は、株価の短期的な変動を恐れていない。彼らは正当な理由に基づいてその会社に投資しており、短期的に売るつもりはないからだ。そのため、彼らは保有している株を、短期的な変動で儲けたいトレーダーに貸し出して、金利を得たいと思っている。つまり、空売りをするときは、証券会社に借りた株の金利を支払う必要がある。ちなみに、１日で空売りを手仕舞うならば、通常金利はかからない。しかし、スイングトレードの場合は、日割り計算で金利がかかる。

24

通常、トレードにおいて空売りは危険な行為である。トレーダーのなかにはロングバイアスの人もいる。いずれ高く売ることを期待して、買うことしかしないのだ。私はこのようなバイアスは持っていない。私はセットアップが整っていれば空売りもするし、自分の戦略に合えば買いもする。そのうえで言えば、空売りのほうが、より注意深くなる。第7章で詳しく紹介する戦略のなかには、買いのみで使えるものもあれば（ブルフラッグ、ボトムリバーサル）、空売りのみに使えるもの（トップリバーサル）、セットアップによって両方で使えるものなどがある。

小口トレーダーとプロのトレーダーの違い

あなたや私のような個人トレーダーは、小口トレーダーと呼ばれている。私たちは、パートタイムまたはフルタイムのトレーダーで、会社に属したり、他人の資金でトレードしたりすることはない。小口トレーダーが担うマーケットの出来高は少ない。その一方で、ウォール街の投資銀行やプロップファーム（プロップトレーダー）、投資信託、ヘッジファンドといったいわゆるプロのトレーダーもいる。彼らの多くは高度なコンピューターアルゴリズムや高頻度トレードのシステムを使ってトレードを行っている。このような大口トレーダーが手動でデイトレードを行うことはほとんどない。とはいえ、彼らは莫大な資金を持っており、非常に積極的にトレードすることもある。

「それならば、あなたや私のような個人トレーダーがあとから参入して、プロのトレーダーと競って勝つことなどできるのか」という当然の疑問がわくかもしれない。

実は、個人トレーダーは、プロのトレーダーよりもはるかに有利だ。銀行やそのほかの機関投資家はその業務の関係上、株価にかかわらず、大きな金額をトレードする必要がある。一方、個人トレーダーは、チ

ャンスが訪れるまでじっと待つことができる。

　皮肉なことに、多くの個人トレーダーは自分たちの優位性に気づかずにトレードをしすぎている。勝者の忍耐と自制を忘れて欲に負け、愚かで不要なトレードをして敗者になってしまうのだ。大口トレーダーに勝ちたいならば、小口トレーダーは欲を排して忍耐を磨かなければならない。

　私はいつも、小口のデイトレーダーをゲリラ戦に例えている。ゲリラ戦は、民兵や武装した一般人などで構成する小規模な部隊が待ち伏せ、妨害工作、撹乱などの奇襲戦略で動きの鈍い典型的な軍隊の裏をかく不正規な戦闘方法だ。アメリカ軍は世界で最も手ごわい戦闘部隊の1つだと考えられているが、北ベトナムのジャングル戦ではゲリラ兵に大いに苦しめられた。それ以前には、第二次世界大戦中にヨーロッパのレジスタンスの兵士がナチスドイツを追い払った例もある。

　ゲリラトレードは、その名が示すとおり、金融ジャングルに最低限のリスクで素早く利益を上げるチャンスが訪れるのを待ち伏せする手法である。投資銀行を打ちのめしたり出し抜いたりするのではなく、自分のその日の利益目標を目指してチャンスを待ち、トレードしていく。

　小口のデイトレーダーには、プロのトレーダーよりも有利な点がほかにもある。それは負けているポジションを素早く手仕舞うことができることだ。詳しくは後述するが、トレーダーはマーケットが逆行したときの手仕舞い計画を決めておかなければならない。ちなみに、新人トレーダーは標準的な売買単位である100株でトレードを始めるべきだろう。100株ならばリスクが低い。一方、利益も少ないが、最初はそんなものだ。100株でトレードを始め、損切りに達したら、手仕舞わない理由はない。仮に、出来高が少なくて流動性が低い銘柄（売るのが難しい）であっても100株ならば問題はない。

　プロのトレーダーは100万株などといったポジションを扱っており、それを手仕舞うには時間がかかる。このようなポジションは、マウス

26

を1回クリックしたり、ホットキー（活発なデイトレーダーの多くが使っている機能で、クリックよりもはるかに速い）を押したりするだけで手仕舞うことはできないため、大きな損失につながることもある。デイトレードのトレードサイズはそれよりもはるかに小さいため、負けトレードをすぐに手仕舞って損失を小さく抑えることができる。実際、優れたデイトレーダーは、損失を1セントに抑える場合もある。つまり、デイトレーダーは自分の大きな利点を利用する方法を学んでおかなければならない。これは、株価が損切りに達したら、すぐに手仕舞うということである。

デイトレードは、マーケットのボラティリティを利用して利益を上げていく。つまり、横ばいのマーケットでは利益は上がらない。そのため、デイトレードでは比較的予想しやすい動きのなかで素早く上昇したり、下落したりする銘柄を探す必要がある。反対に、プロのトレーダーは、横ばいや非常に細かい値動き（いわゆる「チョッピープライスアクション」）のなかでも高頻度トレードで利益を上げることができる。

デイトレードでは、プロのトレーダーが激しくトレードしている銘柄を避けることが極めて重要で、小口の個人トレーダーは、必ず小口トレードの領域のなかでトレードする必要がある。ほかの小口トレーダーがトレードしない銘柄や観察していない銘柄はトレードしないということだ。小口デイトレード戦略の強みは、ほかの小口トレーダーもそれを使っていることにある。これらの戦略は、使う人が多くなるほど、よりうまく機能するようになる。目安の一線を認識する人が増えれば、そのポイントで買う人が増えるからだ。そうなると、もちろん株価は急騰する。買い手が増えれば、動きも速くなる。多くのトレーダーが自分のデイトレード戦略を喜んで公開するのはそのためだ。これは、ほかのトレーダーの利益を増やす助けになるだけでなく、同じ戦略を使う人を増やすことができる。戦略を秘密にしておくメリット

はないのだ。

高頻度トレード（HFT）

　少し前に書いたように、ウォール街の投資銀行や投資信託、プロップファーム、ヘッジファンドの多くは、洗練されたコンピューターアルゴリズムや高頻度トレードのシステムに基づいてトレードをしている。

　マーケットを操作する謎の「ブラックボックス」と呼ばれる秘密のコンピュータープログラムや数式やシステムについて聞いたことがある人もいるだろう。コンピューターや高頻度トレーダーには勝てないのだからトレードしても仕方がないと言う人もいる。しかし、私に言わせれば、これはうまくいかないことや十分努力していないことに対する言い訳にすぎない。私を含む多くの成功したデイトレーダーは、「ブラックボックス」に打ち勝ち、なかなかの利益を上げているからだ。

　高頻度トレーダーが個人デイトレーダーのトレードを難しくしたり複雑にしたりしたことは間違いない。それでイラついたりストレスを感じたりする人もいるだろう。これらのプログラムのなかには、意図的にデイトレーダーを追いかけて出し抜こうとするものもある。

　それに打ち勝つためには、トレードを厳選し、プライスアクションを極めて注意深く観察する必要がある。そしてゲリラトレーダーになるのだ。そのためには、インプレー銘柄（詳しくは第4章参照）を見つけなければならない。コンピューターの公式やアルゴリズムがあなたのお金を取り上げることができない瞬間を探し、仕掛けポイントを見つけて行動を起こし、手仕舞いし、利益を実現するということだ。

　毎日、長時間かけていわゆる「ブラックボックス」の公式を作っているコンピュータープログラマーたちの最大の課題は、彼ら自身がデイトレードの仕方を分かっていないことだと私は思っている。過去の

第2章　デイトレードの仕組み

マーケットのデータは、あなたにとっても彼らのコンピューターにとっても非常に価値があるものだが、株式市場は完全に予想できるものではない。マーケットは常に変化しているし、その不確実性に完全に備えることができるプログラマーなどいない。彼らでもすべての変数をアップロードすることはできないのだ。それよりもリアルタイムでマーケットを観察していると、予想のつかない瞬間があり、それを利用して利益を上げることができる。そのためには、すべてのトレードを戦略的に仕掛ける必要がある。トレードと同様に戦略的な世界であるチェスで、ガルリ・カスパロフがIBMのディープブルーから何勝か上げていることを忘れてはならない。最近では、IBMのワトソンだって、クイズ番組のジェパディーで何回も間違った解答をしている。

　また、どの組織の強力なブラックボックスでも、それ以外の組織の強力なブラックボックスと競っているということを考えれば、だれかが負ける運命にあるということも覚えておいてほしい。みんなが勝つことはできないのだ。デイトレードの練習と経験を積んでいけば、さまざまなアルゴリズムを見分け、それに対してどうトレードすればよいかが分かるようになる。あなたが成功し、彼らが失敗することもあるのだ。実際、彼らがひどい失敗を犯したこともある。

　現在使われているさまざまな高頻度プログラムのなかで、最も影響力の低いものの1つが「新安値で買う」プログラムだ。株価が日中の安値を更新すると、多くのデイトレーダーは空売りして下方のモメンタムに乗ろうとする。しかし、このプログラムはそこで買って価格を上げようとする。そうなると、デイトレーダーはパニックを起こして買い戻そうとする。高頻度プログラムで運用するプロのトレーダーは莫大な資金を持っているため、この計画は完璧に見えるかもしれない。しかし、別の大手機関投資家が巨大なポジションを手放そうとすれば、先のプログラムがどれだけ買っても株価は上がらない。機関投資家とデイトレーダーが売り続けるからだ。

29

高頻度トレーダーの失敗として今ではよく知られている例が2008年9月のケースで、投資銀行のリーマン・ブラザーズ（LEH、破産して上場廃止になった）やフェデラル・ホーム・ローン・モーゲッジ・コープ（FRE）を始めとする住宅ローン関連資産を保有していたたくさんの会社や投資銀行が価格の大幅な下落で苦しんだ。システムトレーダーがすでに落ち込んでいる株を買って玉締めを試みたが、株価が上がることはなかった。デイトレーダーと巨大機関投資家が大量に売っていたからだ。結局、買い手のプログラムとそのプログラマーは、価値のないリーマン・ブラザーズやフェデラル・ホーム・ローン・モーゲッジ・コープやそのほかの破産した会社の株を大量に抱えて破綻した。

　本書では、下調べの重要性について繰り返し書いていく。準備を整え、練習し、規律を持ち、賢くトレードするために必要なことだ。アルゴリズムや高頻度トレードに毎回勝てるわけではないが、何回かは勝って利益を上げることができるはずだ。さまざまなアルゴリズムのプログラムを見分けることができれば、彼らに対抗できる。しかし、そのためにはある程度の経験と、しっかりとした教育と、練習が欠かせない。

　高頻度プログラムには注意をしなければならないが、恐れる必要はない。マーケットは動的で、常に変化しているということを覚えておいてほしい。トレーダーにとって、今日うまくいったことが明日もうまくいくとは限らない。そのため、高頻度トレードやシステムトレードも、完全なルール化はできない。つまり、マーケットやプライスアクションをリアルタイムで理解する賢いトレーダーが必ず必要になる。マーケットは常に変化しているし、すべての変数をプログラムに組み込むことは不可能なので、トレーダーの裁量を完全に排除することはできないからだ。マーケットには変数が多すぎるため、しっかり訓練を受けた規律あるトレーダーを打ち負かすようにプログラムされたア

ルゴリズムなど存在しないのである。

　私はいつも、コンピューターにイラ立つトレーダーたちに、もっと大きな教訓に目を向けるよう促している。デイトレーダーとして、自分の資金を脅かす相手について文句を言うのは簡単だ。もちろん、このなかには迷惑なアルゴリズムプログラムも含まれている。ちなみに、トレードを始めるときに下調べも準備も勉強もしていなければ、彼らは実際にあなたのお金を奪うことになる。しかし、あなたはエネルギーを不満を言うことではなく、彼らと競うことに使うこともできる。私は、これらのプログラムを利用する方法を探すよう勧めている。例えば、もし空売りしている人たちに買い戻しを迫るプログラムがあれば、それによって起こる上げの波に乗ればよい。アルゴリズムがあなたのお金をとることができないスポットを探し、彼らを出し抜くことができる銘柄を探し出すのだ。このことは、インプレー銘柄（第4章参照）を見つけなければならない理由の1つでもある。

　デイトレーダーがアルゴリズムの文句を言っていても何も変わらない。それで何か得られるのだろうか。それが利益を上げる助けになるのだろうか。小口デイトレーダーの多くは、自宅で安定的に利益を上げている。これまで書いてきたとおり、新人トレーダーには選択肢がある。マーケットは、単純にパターンを解いていく場でもある。毎朝、新しいパズルに挑戦するのだ。アルゴリズムや高頻度トレーダーはパターンの解読を少し難しくするかもしれないが、不可能にするわけではない。あなたや私のような小口トレーダーにとって、株式市場には常に障害や不公平な状況がある。それでも、変化し続けるマーケットで利益を得るために、小さなステップを重ね、努力していかなければならない。ただし、トレーダーがけっしてやってはいけないことがある。それが言い訳だ。

31

最高のトレードだけを執行し、あとは見送る

コンピューターシステムによるアルゴリズムトレードの影響もあって、株は何らかの理由がある場合を除いて、多くが株式市場全体と同じトレンドを形成している。つまり、もしマーケットが上昇していれば、多くの銘柄も上げているし、マーケット全体が下落していれば、多くの銘柄も下げている。しかし、マーケットのトレンドとは逆行する少数の銘柄があり、それには何らかのきっかけがある。それがインプレー銘柄である。小口トレーダーは、マーケットが下げているときに上げている、あるいはマーケットが上げているときに下げているいくつかの銘柄を探している。

マーケット全体が上げているときに、これらの銘柄も上げているのは問題ない。ただ、トレーダーは自分がトレードする株が株価全体が上げているからではなく、ファンダメンタルズ的な理由があって上げているということを確認しておく必要がある。そのうえで、インプレー銘柄のファンダメンタルズ的なきっかけが何で、それがデイトレードの対象として適切かを考えてみてほしい。通常、インプレー銘柄には予期しない新しいニュースがある（良いときもあれば悪いときもある）。いくつか例を挙げておこう。

●決算発表
●業績修正・予告
●アーニングサプライズ
●FDA（アメリカ食品医薬品局）の認可、不認可
●吸収、合併
●提携、協力、主要製品の発表
●主要な契約の獲得、決裂
●リストラ、一時解雇、経営陣の交代

第2章　デイトレードの仕組み

●株式の分割、自社株買い、新発債券

　リバーサルトレード戦略（第7章参照）のなかで私のお気に入りは、会社に関する悪いニュースが出て売られている株である。もしそのせいで急落すると、それに気づいた多くの人がボトムリバーサル戦略が使えないかと注目し始める。しかし、マーケットが全体的に下降トレンドならば（例えば、少し前の石油市場）、良いリバーサルトレードは望めない。このようなときは、10セント上げてリバーサルだと思っても、すぐに50セント下げたりする。下げているのは、株式市場全体とセクター全体がどちらも下げているからなのだ。2014年と2015年の一時期、石油は弱いセクターで、石油やエネルギーの関連株はほとんどが下げていた。セクターが弱含んでいるときは、リバーサルトレードの好機ではない。そこを見極める必要がある。

　ここでデイトレードのルール4を紹介しよう。

ルール4──「この株の動きはマーケット全体の動きと同調しているからなのか、それともこの株独自のファンダメンタルズ的な理由があるからなのか」と必ず考える。

　そして、少し調べてみる必要がある。トレーダーとして経験を積めば、理由のあるプライスアクションと全体的なトレンドの違いが見分けられるようになる。

　前述のとおり、小口トレーダーはプロのトレーダーと逆のサイドにいないように注意しなければならない。しかし、それにはどうすればよいのだろうか。実は、プロのトレーダーを探そうとするのではなく、その日に小口トレーダーが集まっているところを探して一緒にトレードすればよい。学校の校庭を思い浮かべてほしい。砂場で独りで遊んでいる子供のように、みんなが関心のない株をトレードしたくはない。

33

それはいる場所が間違っているのだ。注目すべきはみんなが注目している株で、毎日活発に動いて膨大な数のトレーダーが観察している株だ。デイトレーダーはそこに注目している。

デイトレードは、アップルやプライスライン、コカ・コーラ、IBMなどといった大型株でもできるだろうか。もちろんできる。ただ、これらの株は動きが遅く、プロのトレーダーやアルゴリズムトレーダーの影響が大きいため、通常はデイトレードするのが非常に難しい。これは閑散とした砂場にいるのと、人気者たちがいる校庭の真ん中にいるのとの違いだと言える。

小口トレーダーが注目しているところと、そのなかの自分の居場所をどのように見極めたらよいのだろうか。

自分にとって最適な場所を探す方法はいくつかある。1つ目は、デイトレード用の銘柄スキャニングソフトを観察する方法だ。スキャニングの設定の仕方は、第4章と第7章で説明する。小口トレーダーは、株価が上や下に大きな窓を空けている銘柄に注目している。2つ目は、ソーシャルメディアやトレーダーのコミュニティーを利用することだ。ストックツイッツ（StockTwits）やツイッターを見ると、トレンドを探すのに役立つ。また、何人かトレーダーをフォローすれば、話題になっていることを知ることもできる。トレーダーのコミュニティーに参加することには大きなメリットがある。インターネット上にたくさんあるチャットルームもその1つだ。

本書の読者は、私の会社が運営しているベア・ブル・トレーダース・チャットルームにもぜひ参加してほしい。ここではたくさんのトレーダーが、今日注目の銘柄について意見を交わしている。もしだれとも話をせずにトレードしていると、校庭の隅で孤立することになる。ほかのトレーダーの行動を把握していないと、活発にトレードされているところが分からないため、なかなか利益が上がらない。私自身も、ソーシャルメディアを遮断したり、バブルでトレードするのをやめたり

して、自分の考えだけでトレードしてみたこともあるが、うまくはいかなかった。これについては高校の学校生活を生き抜く方法が大いに参考になる。

私のやり方についてもう少し書いておこう。私は、企業のファンダメンタルズ（収益、1株当たり利益成長率、財務諸表など）に基づいてデイトレードをしているわけではない。前述のとおり、私はバリュー投資家でも長期投資家でもない。また、オプションや金融先物のトレードもしていない。ただ、先物はマーケット全体の短期的な方向性を見るために使っている。私は1日のなかで株をトレードしている。ちなみに、私はスイングトレードもしている。そして、スイングトレーダーとしてはトレードする会社の収益や配当やEPS（1株当たり利益）など、さまざまなファンダメンタルズの項目を大いに気にしている。ただ、スイングトレードは本書の範疇ではないので、このくらいにしておこう。

私はFX（外国為替）市場でもトレードしているし、商品先物や通貨をトレードすることもある。ただ、午前中はほとんど株のデイトレードをしており、実株に集中している。デイトレーダーの多くは、ボロ株や店頭株（OTC）はトレードしない。ボロ株は株価操作の対象になりやすいため、標準的な戦略のルールがあまり適用できないからだ。また、フェイスブック（FB）をトレードするときもあればアップル（AAPL）をトレードするときもあるが、いずれにしてもその日活発に動いている株を選ぶ。驚くかもしれないが、マーケットでは決算発表や、重大ニュースや事件（良いこともあれば悪いこともある）などによって、毎日必ず株価が激しく動いている銘柄はある。トレードするときは、このようなファンダメンタルズのきっかけを探していくことになる。

私のデイトレーダーとしての1日はどのようなものだろうか。詳しくは第8章で書くが、私はたいてい朝の6時（ニューヨーク時間の9

時）ごろから寄り付き前のスキャニングを始める。マーケットのどこが活発かを探るためだ。早ければニューヨーク時間の8時30分には上や下に窓を空けている銘柄が分かる。次に、これらの窓を裏付けるニュースを精査する。ここでウオッチリスト（その日の取引時間に注目する銘柄のリスト）を作り始める。良いと思うものを加えたり、そうでないものを外したりするのだ。ニューヨーク時間の9時15分になると、チャットルームで私のウオッチリストを公開する。そして、9時30分にオープニングベルが鳴るまでに、私のトレード計画は完成している。

ニューヨーク時間の9時30分にマーケットが開いてから11時30分ごろまでが、出来高が最も多い時間帯で、ボラティリティも最も高い。これはトレードに最も適した時間帯で、特にモメンタムトレード（後述する）に向いている。出来高が多いと、流動性が高くなるというメリットがある。買い手も売り手もたくさんいるため、簡単に仕掛けたり手仕舞ったりできるということだ。

昼ごろになると、パターンが見えてくるが、出来高は減る。これは流動性が低くなるということで、仕掛けたり手仕舞ったりしにくくなる。このことは、トレードサイズが大きい場合は特に重要になる。私はいつもニューヨーク時間の寄り付き（9時30分）に仕掛けるようにしている。そして、私自身は寄り付きから1～2時間しかトレードしない。前述のチャットルームに参加すると、私が11時30分以降はほとんどトレードしていないことが分かるだろう。

私は、好調な日はバンクーバー時間の7時30分（ニューヨーク時間の10時30分）ごろにはその日の利益目標に達してくつろいでいる。そうでなくても、たいていは昼休みまでにその日の目標額に達し、それ以降はよほど完璧なセットアップがなければトレードはしない。そして、16～18時は、トレードを教えたり、その日のトレードを見直したりしている。

私は、プレマーケットではトレードしていない。トレーダーの数が少ないため、流動性が非常に低いからだ。つまり、株価が１ドル上げたり下げたりしたとしても、大きいサイズで仕掛けたり手仕舞ったりすることができない。小さいポジションのトレードしかできないことは、少なくとも私にとっては価値がない。もし小さいサイズでもよいならば、プレマーケットでトレードしてもかまわないが、まずは証券会社に可能かどうかを確認しておく必要がある。

　私はカナダのバンクーバーに住んでいるため、ニューヨーク市場は私の時間帯で６時30分（太平洋時間）に開く。つまり、私は早朝から働いている。私にとって、市内の多くの人がまだ寝ているうちにトレードを終えることができるのは大きなメリットだ。私はそれ以降の時間で家族や友人とスキーをしたり、登山をしたり、ほかにかかわっている仕事をしたりしている。そのため、できるだけ７時30分（ニューヨーク時間の10時30分）までにその日の目標額を達成して、あとはくつろぐようにしている。お金は簡単になくなってしまう。ある程度のお金を手に入れたら、それをなくさないようにしなければならない。

第3章 リスクと口座管理

Risk and Account Management

　デイトレーダーとして成功するためには、３つの要素——①安定した心理状態、②いくつかの論理的なトレード戦略、③効果的なリスク管理計画——を身に付けなければならない。これはスツールの３本の脚のようなもので、１本でもなければ倒れてしまう。戦略のみに注目するのは、初心者によくある間違いの１つである。マーケットですぐに利益を上げられない初心者の多くは、イライラしてトレードを中断し、マーケットの仕組みを研究したり、新たな戦略を採用したり、新しい指標を加えたり、それまでとは違うトレーダーを追跡したり、別のチャットルームに参加したりしようとする。彼らは、失敗の最大の原因が技術的な知識の欠如ではなく、衝動的な判断や、ずさんなリスク管理と資金管理といった規律の欠如であることに気づいていない。トレーダーとしてあなたが抱えている最大の問題はあなた自身であり、唯一の解決策もあなた自身なのである。

　良いトレード戦略とは、期待値がプラスで、長期間にわたって実行すれば利益のほうが損失よりも大きくなるものを指す。第７章で紹介している戦略は、適切に実行すれば、期待値がプラスになることは実証されている。ただ、どれほど優れた戦略でも、最善の注意を払って実行したとしても、すべてのトレードが利益になると保証されているわけではない。負けトレードや連敗が絶対に起こらない戦略などない

39

のだ。だからこそ、すべてのトレード戦略においてリスク管理が欠かせないのである。

　私が好きな言葉の1つに「明日もトレードするために生き延びる」というのがある。これは簡単な言葉だが、プロのトレーダーの考え方をよく表している。学びの期間を生き延びれば、安定的に利益が上げられる時期が来る。ただ、そのためには生き延びなければならない。しかし、実際にはそれができる人はあまり多くない。

　新米のトレーダーは、損失管理ができなくて失敗する人が多い。利益を受け入れるのは簡単だが、負けトレードがトントンになるまで待ちたくなる衝動を乗り越えるのは、新人にとっては特に難しい。起こる可能性が低いことを待っていると、トレード口座に深刻な損害を及ぼしかねない。

　トレードで成功するためには、リスク管理のルールを学び、それをしっかりと実行しなければならない。そのためには、それ以上は待たずに手仕舞うための譲れない一線を持っておく必要がある。トレードをしていれば、時には負けを認めて「自分が間違っていた」「セットアップがまだ整っていなかった」「マーケットに合わなかった」と言わざるを得ないこともある。

　私はトレーダーとして安定的に利益を上げているが、それでもよく負けている。これは、私がうまい負け方ができるということでもある。美しく負けるためには、損失を受け入れてさっと立ち去ることだ。

　もしトレードが逆行すれば、手仕舞う。デイトレードでは、予期しないことがよく起こる。しかし、トレードは次もあるし、明日もある。自分の予想が正しいことを証明するために、逆行しているトレードを保有し続ければ、それは悪いトレードと言わざるを得ない。トレーダーの仕事は正しくあることではなく、利益を上げることなのだ。あなたの仕事は予測することではなく、トレードすることなのである。

　トレードでうまく負けることの重要性は、いくら強調してもし足り

ない。損失を受け入れられるようになることは、デイトレードの不可欠な部分なのである。第7章で紹介するすべての戦略は、仕掛けポイントと手仕舞いの目標ポイントと合わせて損切りポイントも説明してある。

戦略は、ルールと計画に従って実行すべきものだが、負けトレードに直面するとそれが難しくなる。「素晴らしいスマートフォンを作っているアップルなのだから、破産することはないだろう。もう少し保有してみよう」などと正当化して保有し続けてしまう人は多い。

しかし、それをしてはならない。戦略はまずルール厳守なのだ。損失は回復することができるが、その金額が大きくなると回復はとても難しくなる。「50ドルも損失を出したくない」と思うかもしれないが、そのあとの200ドルの損失は間違いなくもっと嫌だろう。そして、結局、800ドルで損切りしたとすれば、これを回復するのは大変なことだ。それよりも、すぐに損切りして、状況が良くなったときにまた仕掛ければよい。

トレードは、仕掛けるたびに損失のリスクにさらされる。そのリスクを最小限にするにはどうすればよいのだろうか。それには良いセットアップを探し、適切なサイズと損切りでリスクを管理すればよい。

ここで、デイトレードのルール5を紹介しよう。

ルール5──デイトレードの成功の秘訣はリスク管理、つまり低リスクで高い利益が見込める仕掛けポイントを探すことである。私にとって最低の勝率は67%（2勝1敗）。

良いセットアップとは、できるだけ低リスクで仕掛けることができるチャンスである。例えば、100ドルのリスクをとると、300ドルの潜在利益が見込めるといったトレードで、これは損益レシオ（ペイオフレシオ）が3対1のトレードと呼べる。反対に、100ドルのリスクをと

っても10ドルの利益しか見込めなければ、リスク・リワード・レシオが1対1にも満たないため、そもそもトレードすべきではない。

　良いトレーダーは、損益レシオが2（益）対1（損）未満のトレードはすべきではない。つまり、1000ドルで株を買い、100ドルのリスクをとるならば、最低でも1200ドルで売って少なくとも200ドルの利益を上げるようにしたい。もちろん株の価値が900ドルに下がれば、100ドルの損失を受け入れて900ドルで損切りしなければならない。

　ここで、私が実際に行ったトレードのリスク・リワード・レシオを見ていこう。2017年2月16日、私のウオッチリストの銘柄の1つがモリーナ・ヘルスケア（MOH）だった。この銘柄は、寄り付き（9時30分）から堅調で、その後も上げていった。しかし、株価を観察していると9時45分ごろに突然大きく下げてVWAP（出来高加重平均取引。第5章参照）を大きく割り込んだ。そこで、私はVWAPを下回る50ドル近くで空売りすることにした。目標値は日足チャートの次の支持線の48.80ドル、1株当たりのリワードは1.20ドルだ。損切りは、当然、その時点のVWAPだった50.40ドルのすぐ上に置く（**図3.1**）。つまり、これは0.40ドルのリスクをとって、1.20ドルのリワードを期待するトレードで、リスク・リワード・レシオは1対3だった。私は実際にこのトレードを仕掛けた。

　このケースで、もし9時45分の株価が50.20ドル近辺だったときに仕掛けることができず、2～3分後の49.60ドル近辺で仕掛けていたらどうなっていただろうか（目標値は48.80ドルのまま）。その場合、リワードは1株当たり0.80ドルで損切りはVWAPの50.20ドル近辺なので、1株当たりのリスクが0.60ドル、リワードが0.80ドルとなる。しかし、これではリスク・リワード・レシオは1.3（0.80ドル÷0.60ドル）なので、私がトレードをしたいと思う機会ではない。このようなときは、チャンスを逃したことを受け入れるべきだろう。49.60ドルで仕掛けたのならば、損切りを近づけてより好ましいリスク・リワード・レシオに

図3.1　2017年2月16日のMOHの5分足チャートと私の仕掛けと手仕舞いと損切りのポイント。ここから分かるとおり、リスク・リワード・レシオは1対3

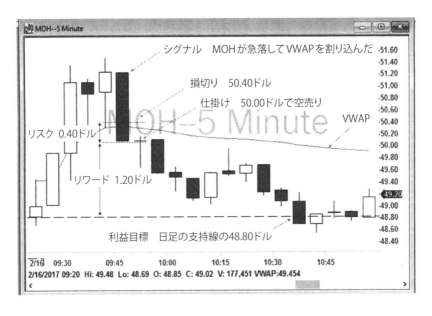

すればよいと思う人もいるかもしれないが、それは違う。損切りはテクニカル的に意味のある水準に置くべきだからだ。この場合、損切りをVWAPよりも下に置くことは意味がない。株価が目標値に向かう過程でVWAPまでいったん戻してから再び下げることはよくあるからだ。実際、このときも10時20分ごろにそうなった。モリーナ・ヘルスケアはVWAPの近くまで戻したものの、そこまで達することなく再び下げて目標値の48.80ドルに至った（**図3.2**）。もし損切りをVWAPよりも下に置いていたら、戻したときに損切りに引っかかって負けトレードになっていた。

　もしリスク・リワード・レシオが高いセットアップができなければ、観察を続けて別のトレードを探すしかない。トレーダーは常に低リス

図3.2　2017年2月16日のMOHの5分足チャート。これはリスク・リワード・レシオが1対2を下回っている悪い例なので、トレードすべきではない。チャンスを逃したことを認めることも必要

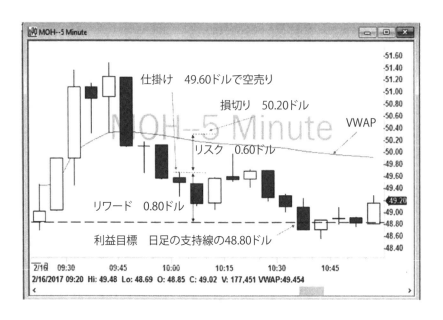

クで仕掛けて、大きな利益の可能性があるトレードを探している。潜在利益が大きいセットアップの見つけ方も、学びの過程で身に付けていく。新人トレーダーにとっては、セットアップの範囲を見極めるのが難しいかもしれない。どれがホームラン級のブルフラッグで、どれが「ダマシのブレイクアウト」なのかは経験と訓練を積めば分かるようになる。このことは、これ以降の章で詳しく説明していく。また、ユーチューブやグーグルなどの動画で学ぶこともできる。私の会社のチャットルームに参加すれば、私のトレードをリアルタイムで見ることができる。私は、私の行っているトレードと画面とプラットフォームを中継し、ライブで解説しているのだ。

　リスク・リワード・レシオが2対1ならば、40％の確率で負けても

第3章　リスクと口座管理

十分に利益を上げることができる。繰り返しになるが、デイトレード
の仕事は株の売買ではなく、リスクの管理である。マーケットで実際
に売買するのは証券会社の仕事で、あなたの仕事はリスクとトレード
口座を管理することなのだ。トレード用のプラットフォームで「買い」
をクリックするたびに、あなたは自分の資金をリスクにさらしている
ことを自覚しておいてほしい。

　それではどうすればよいのだろうか。リスク管理には基本的に3つ
のステップがある。次のことが理解できているだろうか。

1．正しい銘柄をトレードしているか

　リスク管理は銘柄選択から始まっているということを思い出してほ
しい。最高のプラットフォームとツールをそろえ、たくさんの戦略を
会得しても、間違った銘柄をトレードすれば必ず資金を失うことにな
る。第4章は、デイトレードの正しいインプレー銘柄を見つける方法
として、デイトレードに適した銘柄の探し方や、注目すべき条件につ
いて詳しく説明している。逆に、避けなければならないのは、①コン
ピューターやプロのトレーダーが激しく売買している銘柄、②相対的
な出来高が少ない銘柄、③株価操作の対象になりやすいボロ株、④株
価が動く理由（ファンダメンタルズ的なきっかけ）がない銘柄——な
どである。詳しくは第4章を読んでほしい。

2．どれくらいのトレードサイズにするか

　1株、それとも10株、100株か。1000株でもよいのだろうか。これは
トレード口座の残高とその日の目標利益によって決まる。もし1日1000
ドルを目標とするならば、おそらく10株や20株では足りないため、ト
レードサイズを大きくするか、トレード資金を増やす必要がある。1000
ドルの目標利益を達するための十分な資金がなければ、目標を下げる
しかない。

45

私は通常、トレード口座に約２万5000ドルの資金を保有して、800株をトレードしている。私の１日の目標利益は500ドルで、１年に換算すれば12万ドルである。この金額があれば、私は自分のライフスタイルを維持できる。あなたのトレードの目標額はいくらだろうか。

３．損切りをどこに置くか

　どのようなトレードでも、トレーダーがとるリスクの絶対的な最高額は、トレード口座の残高の２％である。例えば、残高が３万ドルならば、１トレード当たりのリスクが600ドルを超えてはならない。もし残高が１万ドルならば、リスクは最高200ドルまでだ。もし残高が少なければ、トレードする株数を減らすしかない。もし魅力的なトレードを見つけても、リスクが資金の２％を超えるならば、見送って別のトレードを探す。リスクを減らすのは良いが、絶対に増やしてはならない。リスクが２％を超えるトレードは絶対に避けなければならない。

３ステップのリスク管理

ステップ１　計画しているトレードの最大リスク額を決める（トレード口座残高の２％をけっして超えないようにする）。これはその日の取引時間が始まる前に計算しておく。

ステップ２　１株当たりの最大リスクと、その戦略の仕掛けから損切りまでの金額を見積もる。損切りを置くべき場所は、第７章で戦略ごとに説明していく。

ステップ３　（ステップ１の値）÷（ステップ２の値）の解がそのトレードの絶対的な最大株数となる。

　これを先のモリーナ・ヘルスケアの例に当てはめてみよう。もしトレード口座の残高が４万ドルならば、２％ルールでトレードごとの最

大リスクは800ドルになる。もっと保守的に、リスクを１％の最大400ドルとしてもよい。これがステップ１だ。

モリーナ・ヘルスケアを観察していると、ＶＷＡＰ戦略（第７章参照）がうまく機能する状況になり始めたため、50ドルで空売りすることにする。48.80ドルで買い戻すつもりで、損切りは50.40ドルに置く。この場合、１株当たり0.40ドルのリスクをとっている。これがステップ２のリスク管理だ。

ステップ３で最大トレードサイズを計算する。ステップ１÷ステップ２を計算すると、この場合は最大2000株だと分かる。

このケースでは、モリーナ・ヘルスケアを50ドルで2000株買うだけの現金を持っていない（残高は４万ドル）。そこで、買うのは例えば800株（500株でもよい）とする。リスクはいつでも減らすことができるが、何があっても残高の２％を超えてはならないということを覚えておいてほしい。

第７章では、各戦略の損切りを置くべき場所をテクニカル分析とトレード計画に基づいて説明していく。最大損失額はトレード口座の残高によって変わるため、自分で計算しなければならない。例えば、もしあなたが損切りを移動平均線（第５章「私がチャートに表示している指標」参照）よりも上に置くならば、そこまでの金額を計算して、最大リスク額を超えないことを確認する必要がある。もし許容できる最大リスク額が400ドルなのに、移動平均線を超えると600ドルの損失が出るならば、トレードする株数を減らすか、そのトレードをやめて別のチャンスを待つ必要がある。

チャンスを見つけたら即座に仕掛けたいという状況で、自分の最大損失額に基づいてトレードサイズや損切りを計算している暇はないという反論はもっともだ。素早く判断できなければ、チャンスを失ってしまう。トレードしながら損切りや最大損失額を計算するのが難しいことは分かっている。そこでルール２を思い出してほしい。デイトレ

ードは簡単なことではない。トレードには練習が必要であり、新人ト
レーダーはシミュレーション口座を使って指導を受けながら、つもり
売買を最低でも３カ月は行うことを強く勧めたい。最初は時間がない
と感じるかもしれないが、すぐに資金管理や１株当たりのリスクの決
め方に慣れるだろう。人の脳が練習によってトレードサイズや損切り
ポイントを即座に算出できるようになることに驚くと思う。

トレード心理

　トレードを始めた人の多くが、「なぜほとんどのトレーダーが失敗す
るのか」という緊急の課題に直面する。
　そこで、まず３人のトレーダーがまったく同じトレードを仕掛けて、
全員が負けた場面を想像してほしい。このとき、この損失に対する反
応が彼らの将来のトレード結果を決めることになる。１人目のトレー
ダーは、落胆し、マーケットを呪い、その日はトレードをやめてしま
った。２人目は焦り、この損失を取り返すために激しくトレードを繰
り返し、結局、その日の損失を拡大してしまった。しかし、３人目の
トレーダーはいったんトレードをやめて２～３分席を外し、気持ちを
落ち着けてから戦略を見直し、より明確なシグナルを待って良いトレ
ードを仕掛け、大引けまでにトントンにした。
　この３人の基本的な違いは何だろうか。
　これらの疑問に答えるためには、トレーダーがどう行動し、感情を
どうコントロールするかが成否を分けるということを知っておかなけ
ればならない。それが、勝者と敗者の分かれ道なのである。
　多くのトレーダーが失敗する主な理由は、トレード中の出来事や損
失を個人的なこととして受け止めてしまうことにある。彼らは、自信
や心の状態がトレード結果と連動している。トレーダーはトレードが
うまくいくと気分が良くなる。しかし、損失を出すと、落胆し、疑い

第3章　リスクと口座管理

深くなり、イラつき、自分の戦略やトレーダーとしてのありかたを疑問視し始める。そして、損失に建設的に向き合うのではなく、感情に流されて個人的な出来事として受け止めてしまうのである。

成功しているトレーダーは、お金のためではなく、スキルを上げるためにトレードしている。ほとんどのプロのトレーダーが、トレード中は含み損益の列を画面に表示していない。どれだけの利益が上がっているのか（あるいは損失が出ているのか）に関心がないからだ。彼らは目標利益や損切りの水準で完璧に実行できるかどうかに集中している。安定的に利益を上げているトレーダーは、負けトレードも勝ちトレードも、すべて自分が成長するチャンスだととらえている。

デイトレードでは、規律を守りながら素早く判断を下していく必要がある。毎朝、スキャニングを行い、チャンスを探し、時には秒単位で買いや売りや空売りの判断を下す、ということを高い規律を維持しながら行っていくのだ。

トレーダーが規律を維持する助けになるのが、心身の健康である。栄養たっぷりのバランスのとれた食事をとり、定期的に運動し、適正な体重と健康状態を維持し、十分な休息をとっている人は、トレーダーに必要な活力と注意力が備わっている可能性が高い。これを読んで驚いた人もいるかもしれないが、注意力や活力や全体的な健康水準は、日々のトレード結果に大きく影響を及ぼす。健康面の要素を無視し、それどころかアルコールや薬物を乱用していると、集中して正しい判断を下すのが非常に難しくなる。

疲れや体の緊張や不健康は、集中を阻害することが多く、正しい意思決定に悪影響を及ぼす。睡眠不足や運動不足で元気がないときに、デイトレードという知的作業をし続けるのは難しい。些細なこと（例えば、何をどれくらい食べたか）でも、体の状態が気分に影響を与えることはよくある。トレード結果と体の状況を毎日記録していけば、その関係性は自分で確認することができる。健康維持という予防的な管

49

理によって、心が安定し、最高の状態でトレードできるようになるのだ。

　トレードをしていないときの生活も、トレーダーとしての効率性に影響を及ぼす。人間関係（恋人と別れる、離婚など）や家族の問題（病気やお金など）が、集中して適切な判断を下す能力を低下させることもある。例えば、若いトレーダーは、結婚したり、子供ができたり、家を買ったりすると、それまで以上の金銭的な責任が加わって心配やストレスが増すことはよくある（それ以上の喜びがあることを願う）。

　本書で紹介する私のトレード戦略は、時間とともに少しずつ改善していったものだが、ブレイクスルーとなったのは、勝つためのカギが自分をコントロールして規律を鍛えることだと気づいたときだった。トレード中は、どのような状況でも何をすべきか事前に知っておかなければならない。マーケットがどうなるかを予測するのは難しいが、自分自身がどう行動するかが分かっていなければ、すでに負けている。最新のトレード戦略や、チャットルームや本書で得たヒントや、最も洗練されたソフトウェアがあっても、自分の感情を制御できないトレーダーの役には立たない。

　トレードするときは、毎回次のことを自問してほしい。

●このトレードは自分のトレードスタイルやリスク許容量に合っているか。
●このトレードはどの戦略に適合するのか。
●もしこのトレードが逆行したら、どこで損切りするか。
●このトレードでリスクにさらす金額と潜在リワードの金額はいくらか。

　これができないトレーダーは多い。これらの質問に答えることは、そのトレードがあなたのリスク許容量と戦略の変数に適合するかを確認

第3章　リスクと口座管理

するための過程であり、厳しいマルチタスクだからだ。それもただの
マルチタスクではなく、ストレス下でのマルチタスクと言ってよい。

　私にはこのストレスがよく分かる。あるとき、私はあるトレードで
8万ドルのポジションを持っており、あとは手仕舞うだけという状態
だった。しかし、私はキーボードを見つめて文字どおりヘッドライト
に当たった鹿のごとく身動きがとれなくなった。どのキーを押せばよ
いのかすら分からなくなった。ストレスに圧倒されているとき、この
ようなまひ状態に陥ることは珍しくない。だれにでも起こることだ。ト
レーダーとしての自信は、すべてのトレードが正しくて、利益が上が
ったから得られるのではなく、間違ったり資金を失ったりしても生き
延びていくことによって育っていくものなのである。

　トレードはストレスが大きい仕事だ。活発にデイトレードをすると
いうことは、もしかしたら、さまざまな時間枠のトレードのなかで最
もストレスが大きいものかもしれない。1つの間違いが、1カ月の努
力を台無しにしてしまうかもしれないし、1回うまく利食えなかった
ことで1週間の計画が狂ってしまうかもしれない。勝てるトレーダー
と負けるトレーダーの差は紙一重なのである。プレッシャーを感じて
いるときは、トレードをやめるべきだ。散歩でもしてストレスを逃が
し、落ち着いて集中できるようになるまでトレードを再開してはなら
ない。プロのトレーダーのなかには、大きな損失を出したあとは、頭
をすっきりさせるために走りに行き、そのあと平常心に戻るまでシミ
ュレーター（ライブではなく）でトレードする人が多くいる。

　自分の判断結果を確認し、自分のパフォーマンスを常に見直してい
くために、次のことを自問してほしい。

●利益は上がっているか。
●5連勝したか、それとも5連敗か。
●連敗しているならば、感情を落ち着けることができているか、それ

51

とも正しい判断ができなくなっているか。

　次のステップに従うことの重要性はいくら強調してもし足りない。準備のための時間をとる、真剣に取り組む、トレード計画を立てる、トレード後に見直す時間をとる——といったことだ。そして、孤立しないことも大事だ。自分ひとりの力で成功することはできない。人にアイデアを話したり、トレード仲間から学んだり、できればメンターを持つことには大きな価値がある。

　スキルと規律は、トレードの筋肉だと思ってほしい。筋肉は運動によって育つが、鍛えるのをやめれば衰えてしまう。私もトレードで毎日同じことを経験している。継続的にトレードを実践することで自制心と規律を鍛えているのである。

　ちなみに、これらのスキルのなかには、自転車に乗るようなこともある。自転車は、一度乗れるようになれば、もう忘れることはない。同じように、良い銘柄を見つけるスキルは、一度身に付ければもう衰えない。それでも、成功するためには、規律を維持する努力を怠ってはならない。あなたは、学び続けなければならない仕事を始めたのである。これは素晴らしいことだし、刺激的なことでもある。ただし、自信過剰になってマーケットを出し抜こうとか、もう学ぶ必要はないなどと思い上がったら、すぐにマーケットに思い知らされることは覚えておくとよい。マーケットはあなたの資金を奪うことで、勘違いを正すのである。

　繰り返しになるが、マーケットで成功するためには、素早く判断することと、自分のトレードルールを決めてそれに従うことが不可欠だ。本書がリスク管理についてたくさん書いていることからも分かるように、トレーダーの行動はすべてリスク管理につながっている。リスク管理は、トレーダーが理解すべきことのなかで最も大事な概念なのである。トレーダーは１日中、リスクを管理している。そして、リスク

第3章　リスクと口座管理

を管理する能力があれば、そのときの勢いにのまれそうになっても、正しい判断を下すことができる。

　そこで次のデイトレードのルール6を紹介しよう。

　ルール6──取引所で株を売買するのは証券会社の仕事。デイトレーダーにおける唯一の仕事はリスクを管理すること。効果的な戦略をいくつマスターしても、リスク管理の高いスキルがなければ成功することはできない。

　前述のとおり、トレーダーの仕事はトレードすることである。つまり、仕事としてリスク（1つのトレードでリスクにさらす最大の金額）を計算する必要がある。この金額について、お勧めの標準的な額はない。前にも書いたとおり、1トレード当たりのリスク額はトレード口座の残高とトレード手法と性格とリスク許容量によって決まる。ただし、先に紹介した2％ルールだけは忘れてはならない。大事なことなので繰り返しておく。

　1回のトレードでリスクにさらすことができる最大額は、トレード口座残高の2％を絶対に超えてはならない。例えば、もし口座に3万ドルあれば、1回のトレードで600ドルを超えるリスクをとってはならない。もし残高が1万ドルならば、リスクは200ドルまでだ。トレード資金が少ないときは、トレードする株数を小さく抑えるようにする。もし魅力的なトレードがあっても、リスクが2％を超えるならば見送って、別のトレードを探すことが論理的な正しい行動なのである。リスクを少なめにとるのはよいが、増やしてはならない。2％はけっして超えてはならないのだ。

　トレードでは、単純な真実を受け入れる必要がある。それは、すべてのトレードが正しいということはあり得ないということだ。トレードは確率に基づいており、魅力的なリスク・リワード比のセットアッ

53

プを見つけるためにはかなりの忍耐力がいる。私は安定的に利益を上げているが、30％のトレードでは損失が出ている。毎回正しいことは期待していない。もし小さい会社を経営している場合、毎日黒字になることは期待しないはずだ。お客の入りが少なかったり、売り上げが上がらず、社員の給料やリース代を下回ったりする日もあるが、それでも好調な日に損失を相殺する以上の儲けが出ているのだ。

成功しているトレーダーの多くは、たくさんのトレードで少額の損失を出している。彼らのトレード結果には、１株当たり７セント、５セント、３セント、なかには１セントなどといった小さな損失がたくさん含まれているのだ。優れたデイトレードの多くは、１株当たりの損失が30セントを越えるトレードはあまりない。そして、勝ちトレードの多くはすぐに結果が出る。

本書で学ぶべき基本の１つは、トレード戦略には必ず損切りの水準があり、そこに引っかかったら必ずやめるということである。仮に、重要な抵抗線の下で空売りし、下げるのを待っているときに、突然、株価が逆行して抵抗線を上抜いて上昇したとする。これは元々のトレード計画が廃れたのではなく、このトレードを続ける理由がなくなったということだ。再び株価が下げるのを待つ理由はない。それは単なる希望的観測だ。トレード資金はたった１回おかしなトレードをしただけで吹き飛んでしまうこともある。株価は再び下げるかもしれないし、下げないかもしれないが、抵抗線を越えてしまったら空売りを続ける理由はもうない。もしこの株が再び弱含んで抵抗線を下抜いたら、そのときにもう一度仕掛ければよいだけだ。手数料は安いのだから、小さな損失を受け入れて損切りし、再びセットアップができたときに仕掛ければよい。

この基本ルールがしっかりと身に付いていない人は失敗する。新人トレーダーには、少額の損失を受け入れることができないという問題を抱えている人が多い。これは、シミュレーターでトレードする段階

で慣れるべきことだ。そして、損切りを受け入れ、順守できるように
なってからのみ、実際のトレードを始めてほしい。もし損切りの場所
を決めていなかったり、どこに設定すべきかが分からなかったりする
人は、そもそもトレードを始めるべきではない。正しく計画が立てら
れないからだ。そのような人は、自分の戦略についてよく読んで見直
したうえで、シミュレーターから始める必要がある。

　安定的に利益を上げているトレーダーは、堅実で理にかなったトレ
ードをしている。彼らは、マーケットやトレードごとの結果を支配で
きないことを受け入れたうえで、計画を順守し、資金を管理している。
彼らの多くは、月末に損益を見直している。プロのトレーダーになる
と、四半期に1回、損益を見てパフォーマンスを評価し、トレード戦
略を調整している人も多い。

　トレード結果がプラスの日が良いトレード日だと思っている人は多
いが、それは違う。良いトレード日は、規律を守って堅実な戦略を実
行し、トレードルールを逸脱しなかった日のことである。株式市場と
いう不確実なところでは、結果がマイナスになる日もあるが、それが
悪い日というわけではないのだ。

第4章 トレードに適した銘柄の見つけ方

How to Find Stocks for Trades

　トレーダーの世界では、「良いトレーダーかどうかは銘柄選びで決まる」と言われている。新人トレーダーのなかには、デイトレードに適した銘柄がどれかも、またデイトレードに適した銘柄の探し方も知らずに何日も無駄に過ごし、デイトレードなど不可能だという誤った思い込みに至る人がたくさんいる。

　世界最高のトレーダーでも、仕掛けた株が動かなかったり、出来高が薄ければ、安定的に利益を上げることはできない。動かない株をトレードしても時間の無駄だ。デイトレードは時間と購買力（詳しくは第5章参照）を効率的に使わなければならない。

　とはいえ、ただ動くだけではなく、いつ、どの方向に動くかが分かる銘柄を探している。日中に5ドル動く銘柄でも、素晴らしいリスク・リワードのチャンスにはならないかもしれない。まったく前兆もなく大きく動いてはトレードできないからだ。

　それでは、新人トレーダーはデイトレードに適した銘柄をどのように探したらよいのだろうか。

　私は、トレードすべき銘柄を探すのに苦労しているというメールをよく受け取る。彼らの多くが、デイトレードの仕組みを理解し、適切な教育を受け、正しく準備を整えているが、リアルタイムでトレードを探そうとすると、どうしてよいか分からなくなるという。もちろん、

私も新人のときはそうだった。第7章の戦略を学んでも、すぐに安定的に利益が上がるようになるわけではない。選んだ銘柄が間違っている場合もあるのだ。繰り返しになるが、トレードは銘柄選択で決まる。デイトレーダーがトレードしている銘柄、つまりインプレー銘柄を探す必要があるのだ。

インプレー銘柄を選んでトレードし、利益を上げる方法はいくつかあるし、そのなかに絶対的な正解はない。バスケットトレードや指数をトレードする人もいるし、友人のブライアンのようにETF（上場投信）のみをトレードする人もいる。多くのトレーダーは、株を探すための独自のフィルターを構築している。ほかには、指数先物を使ってマーケット全体の動きに賭けている人もいる。大手銀行のトレード部門に所属するプロのトレーダーたちは、金、原油、ハイテクなどセクターに絞ってトレードしている人も多い。ただ、私たちは資金が限られた小口トレーダーなので、効率的なインプレー銘柄を探す必要がある。

インプレー銘柄とは、素晴らしいリスク・リワードのセットアップが期待できる銘柄である。例えば、下げ幅が5セントで上げ幅が25セントを見込める銘柄や、下げ幅が20セントで上げ幅が1ドルの機会がある銘柄で、そうなればリスク・リワード・レシオは5になる。今の株価よりも高くなったり安くなったりしそうなインプレー銘柄は、だんだん分かるようになっていく。いずれにしても、インプレー銘柄には動きがあり、その動きは予想ができ、頻繁で、捕まえることができる。デイトレードに適した株は、素晴らしいリスク・リワードのチャンスをたくさん提供してくれるのである。

インプレー銘柄は複数あり、毎日変わっていく。インプレー銘柄をトレードすると、自分の資力を最も効率的に使うことができる。これらの株は日中のリスク・リワード・レシオがほかよりも高く、トレーダーのアイデアやトレードルールをより安定的に実行できる。正しい

第4章　トレードに適した銘柄の見つけ方

インプレー銘柄は、アルゴリズムトレーダーと戦う助けになるのである。

インプレー銘柄

インプレー銘柄とは何なのだろうか。探し方については、本書後半で詳しく説明するが、次のようなものである（順番は関係ない）。

●新しいニュースがある銘柄
●マーケットが開く前に2％を超える上昇や下落した銘柄
●プレマーケットでいつもとは違う動きをした銘柄
●日中に重要な水準を付け、それを利用できる銘柄

小口トレードは、すべての銘柄でうまくいくわけではないということを覚えておいてほしい。うまくいくのは、相対的に出来高が多い銘柄だけだ。例えばアップル（AAPL）の出来高は、毎日平均数千万株に上るが、その一方で出来高が50万株の銘柄もある。それではアップルのみをトレードすればよいのだろうか。それは違う。一般的に、単に出来高が多いというのはほかの銘柄と比較した相対的な多寡のことである。単なる出来高の多さにとらわれてはならない。平均的に出来高が多い銘柄などいくらでもある。しかし大事なのは、その銘柄の過去の平均的な出来高として比較して出来高が多いかどうかなのだ。アップルがある日に3000万株トレードされても平均以上でないかもしれない。つまり、出来高が過去の平均よりも極端に多ければ、アップルをトレードしても構わない。平均の出来高程度ということは、プロのトレーダーや高頻度トレーダーに支配されているということを意味している。そんなときは離れておいたほうがよい。

ここで図4.1を見てほしい。2016年夏のアップルの日足チャートだ。

59

図4.1　2016年夏のAAPLの日足。矢印はAAPLの出来高が相対的に特に多かった日で、このような日はデイトレードに適している

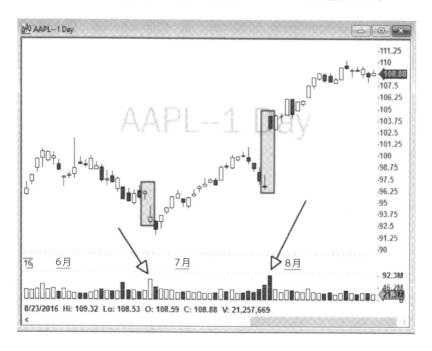

これを見ると、過去と比較して相対的に出来高が多かった日は、矢印で示した2日しかないことが分かる。面白いのは、このチャートをよく見ると、この2日はどちらも上や下に窓が空いている（アミの部分）。アップルをトレードしたいならば、この2日のような日にすべきである。それ以外の日、つまり通常は高頻度トレーダー中心の展開になっているからだ。小口トレーダーは、高頻度トレーダー中心の株は避けるべきである。

　出来高が相対的に多い銘柄の重要な特徴は、その銘柄のセクターやマーケット全体とは関係のない動きをしていることである。マーケットが弱含んでいるときは、多くの株が売られる。それはアップルであ

ても、フェイスブックでも、アマゾンでも、エクソンでも変わらない。逆に、マーケットが強含んでいるときは、ほとんどの株価が上昇する。同様に、「ベア相場」「暴落」のときは、特定の銘柄ではなくて、株式市場全体が一斉に価値を失っていることを意味している。同じことはセクターについても言える。例えば、医薬品セクターが弱含んでいると言えば、医薬品会社がそろって価値を失っていることを意味している。

　それでは、マーケットの動きを知るためにはどうすればよいのだろうか。例えば、ダウ平均（DJIA）やS&P500（SPY）などのインデックスファンドは、たいていマーケット全体の動きを知るための良い指標になる。もしダウ平均やS&P500が下げていれば、マーケット全体が下げていると思ってよい。逆に、これらが強含んでいれば、マーケット全体も上げていく。

　相対的な出来高が多い株の動きは、マーケット全体の動きとは連動していない。それがインプレー銘柄なのだ。毎日、ほんの一握りの銘柄が、それぞれのセクターや株式市場全体とは違う動きを見せる。デイトレードでは、そのような銘柄のみを選んでトレードする必要がある。私は、このような銘柄を「アルファ」と呼ぶこともある。動物界では、アルファは食物連鎖のトップに君臨する捕食者で、彼らはだれにも捕食されない。デイトレードにおけるアルファ株は、株式市場全体とも所属するセクターとも関係のない動きをする株で、その動きはマーケットにも高頻度トレーダーにも支配されない。このような株を、私たちはインプレー銘柄と呼んでいる。

　そこで、次はインプレー銘柄にかかわるデイトレードのルール７を紹介する。

ルール７──小口トレーダーはインプレー銘柄のみをトレードする。インプレー銘柄とは過去と比較して相対的に出来高が多く、フ

ァンダメンタルズ的なきっかけがあり、マーケット全体とは関係のない動きをしている銘柄のことである。

　相対的に出来高が多くなければならないことは分かったが、どれくらい多ければよいのだろうか。私は、まず1日の平均出来高が50万株を下回る銘柄はトレードしない。問題なく仕掛けたり手仕舞ったりするためには、ある程度の流動性が必要だからだ。例えば、JPモルガン・チェイス（JPM）を30ドルで買って29.85ドルに損切りを置いたら、実際に29.85ドルで売れるだろうか。それとも、出来高が少なくて29.50ドルでなければ手仕舞えないだろうか。もし29.85ドルで売りを判断しても29.50ドルになるまで売れなければ、これは日中のトレードに適した株ではない。インプレー銘柄は、予想外のスリッページに見舞われないための十分な流動性が不可欠である。

　インプレー銘柄は、どのようにしてできるのだろうか。多くは、前日や当日にファンダメンタルズに関するニュースがあった株である。その会社に関する重要なニュースや出来事は、マーケットでの価値に大きな影響を及ぼすため、プライスアクションのファンダメンタルズ的なきっかけになる。

　第2章で述べたとおり、ファンダメンタルズ的なきっかけとなってデイトレードに適した株になるニュースの例をいくつか挙げておこう。

●決算発表
●業績修正・予告
●アーニングサプライズ
●FDA（アメリカ食品医薬品局）の認可、不認可
●吸収、合併
●提携、協力、主要製品の発表
●主要な契約の獲得、決裂

●リストラ、一時解雇、経営陣の交代
●株式の分割、自社株買い、新発債券

　私は、プレマーケットで2％を超えて上昇または下落したすべての銘柄に関するニュースをチェックし、ギャッパーウオッチリスト（もう少し先で説明する）を作る。ちなみに、前日にインプレー銘柄だった銘柄は、2～3日はそうであることが多い。

　デイトレードの戦略（モメンタム、リバーサル、VWAP、移動平均線など）については、第7章で詳しく説明する。今のところは、それぞれの戦略に適した株をどのように見つけるかを考えてほしい。私は、小口トレードのための株を3つに分類している。私の経験では、この分類は、デイトレードに適した株を見つけたり、それに合う戦略を選んだりする助けになる。

浮動株と時価総額

　3つの分類を説明する前に、「浮動株」と「時価総額」について説明しておく。浮動株は、潜在的に売買が可能な株数である。例えば、アップルの株は、2016年7月現在で53億株が売買可能で、「超大型株」と呼ばれている。このような株は、相当な株数がトレードされなければ株価が大きく動かないため、日中の動きはあまり大きくないことが多い。アップルも、平均すると1日に1～2ドルくらいしか動かない。このような株はボラティリティが高くないため、デイトレーダーが好む株ではない。デイトレーダーは、ボラティリティの高い銘柄を探している。

　その一方で、浮動株が非常に少ない銘柄もある。例えば、セスカ・セラピューティクス（KOOL）の浮動株はわずか120万株しかない。つまり、この株は供給が少ないため、大きいサイズのトレードがあると、

すぐに株価が動く。浮動株が少ない株は、ボラティリティが高く、動きも速くなることがある。浮動株が少ない株の多くが10ドル未満なのは、創業から時間がたっておらず、あまり利益が出ていない会社が多いからである。彼らは成長する過程でさらに株を発行して公開市場で資金を集め、少しずつ超大型株になっていくことを目指している。このような株は、「小型株」または「超小型株」と呼ばれている。デイトレーダーは、浮動株が少ない銘柄を好んでトレードしている。それでは３つの分類を説明しよう。

　最初の分類は、浮動株が少ない10ドル以下の銘柄である。これらの株は、ボラティリティが極めて高く、１日で10％とか、20％、100％、ときには1000％動くこともある。ただ、このような株には注意が必要だ。１回のトレードで1000ドルを１万ドルに増やすことができる反面、1000ドルが10ドルになってしまうこともあるからだ。10ドル未満の浮動株の少ない銘柄は株価操作の対象になることが多く、トレードが難しいため、経験豊富で十分な装備を持つトレーダーでなければトレードすべきではない。私自身も、めったにトレードすることはない。もし１カ月で1000ドルを１万ドルに増やしたという人が本当にいるならば、それはこの種の浮動株の少ない銘柄をトレードしたと思われる。ただ、新人トレーダーだけでなく、中級のトレーダーでも、この種の株を正確かつ効率的にトレードできる人はいない。もし初心者が10ドル以下の浮動株の少ない銘柄に手を出したら、ほんの何日かで1000ドルがゼロになる可能性が高い。

　ちなみに、浮動株の少ない銘柄については、ブルフラッグモメンタム戦略（第７章参照）が適している。本書で紹介するそれ以外の戦略は、10ドル未満の浮動株の少ない銘柄には向いていない。

　通常、10ドル未満の浮動株の少ない銘柄を空売りすることはできない。空売りするためには、証券会社から株を借りるが、このようなボラティリティが高い株はほとんど貸し出していないからだ。もし借り

ることができたとしても、この種の株の空売りはしないほうがよい。このような株は簡単に急騰するため、トレード資金をすべて失うことになりかねない。高リスクの株を空売りしなくても、フルタイムのデイトレーダーとして十分利益を上げることはできるので、それはウォール街のプロに任せておけばよい。

　新人トレーダーにとって、浮動株の少ない銘柄のトレードは非常に難しい。次の動きの方向性が非常に読みにくいため、トレードしながらリスクを管理するのが難しいのだ。私は、新人トレーダーには浮動株の少ない銘柄をトレードしないようアドバイスしている。もし間違ったときに、それまで積み上げた利益を台無しにしてしまうからだ。

　２つ目の分類は、中位浮動株で、株価が10〜100ドルの銘柄である。これらの株は、浮動株の数が1000万〜５億株くらいの銘柄で、本書で紹介する戦略の多くに向いている（特に、VWAP戦略と支持線・抵抗線戦略）。中位浮動株の株で100ドルを超えるものは、あまりデイトレードの対象にはなっておらず、私自身も避けている。株価が高いため、株数を多く買えないからだ。デイトレードではあまり使えないため、これもプロのトレーダーに任せておけばよい。

　３つ目の分類は、アップルやアリババ、ヤフー、マイクロソフト、ホーム・デポといった超大型株である。これらは安定企業で、通常、浮動株が５億株以上あり、毎日数百万株がトレードされている。もう分かったかもしれないが、これらの株は大手のプロのトレーダーや投資銀行やヘッジファンドなどが大きいポジションを売買したときのみ動く。私たちのような小口トレーダー、つまり100〜1000株くらいをトレードしている人たちが、これらの銘柄の株価を動かすことは普通はできない。小口トレーダーは、よほど大きなファンダメンタルズ的なきっかけがないかぎり、これらの株は避けるべきだ。ちなみに、第7章の戦略のなかでこれらの株に向いているのは、リバーサル戦略と移動平均線戦略である。ただし、これらの株はコンピューターや高頻度ト

65

浮動株	株価	適している戦略（第7章）
低浮動株 （1000万株未満）	10ドル未満	モメンタム戦略（買い）のみ
中位浮動株 （1000万～5億株）	10～100ドル	すべて、特にVWAP戦略と支持線・抵抗線戦略
高浮動株	すべて（20ドル以上のものが多い）	すべて、特に移動平均線戦略とリバーサル戦略

レーダーによるトレードが非常に多いため、ファンダメンタルズ的なきっかけがないかぎり、小口のデイトレードには向いていない。

3つの分類をまとめておこう。

インプレー銘柄を探す方法は2つある。

●朝のプレマーケットのウオッチリスト
●日中のリアルタイムのスキャニング

私が毎朝、インプレー銘柄を探す方法を説明しよう。

プレマーケットの窓

経験豊富なトレーダーは、正しい株を正しいタイミングでトレードすることに敏感である。前述のとおり、良いトレーダーかどうかは銘柄選びで決まる。私や仲間のトレーダーは、毎朝、私がインプレー銘柄を探すために作ったプログラムを使ってスキャニングを行っている。このプログラムは次の条件でインプレー銘柄を探している。

第4章　トレードに適した銘柄の見つけ方

●プレマーケットで、上か下に２％以上の窓を空けた銘柄
●プレマーケットで、最低でも５万株以上のトレードがあった銘柄
●１日の平均出来高が50万株を超えている銘柄
●ATR（真の値幅の平均）が最低でも50セントの銘柄
●ファンダメンタルズ的なきっかけのある銘柄
●空売り残高比率が高くない銘柄。私は原則、空売り残高比率が大きい（30％を超える）株はトレードしない（空売り残高比率とは投資家やトレーダーが空売りしたあとまだ買い戻していない株数）

　なぜ、このような条件でスキャニングをするのだろうか。

　まず、ファンダメンタルズ的なきっかけがあると、プレマーケットでいつもとは違う動きがあり、上や下に窓が空き、出来高が増える（例えば５万株）。

　また、私は1000株でも問題なくトレードできるように出来高が多い銘柄を探している。だからこそ、１日の平均出来高が50万株以上の銘柄を条件としている。それ以外にも、１日の値幅が大きい株を探しているため、ATRを見ている。ATRは、１日の値幅の平均を示している。もしATRが１ドルならば、１日に１ドル程度動くことが期待できる。これは良い数字だ。もし1000株トレードすれば、1000ドルの利益が上がる可能性があるからだ。しかし、もしATRが10セントしかなければ、私にとって魅力のある銘柄ではない。

　私のウオッチリストの作り方の一例を紹介しよう。2016年８月19日の９時（ニューヨーク時間）に、私のスキャナーが**図4.2**のような銘柄を示した。

　図4.2から分かるとおり、私はこのリストの「Gap（％）」（窓）と「Flt（Shr）」（浮動株、単位1000株）の列に色を付けている。4000以上ある銘柄のなかから、この日は候補を８つに絞り込んだ。あとは、マーケットが始まる９時30分までに、これらを１つずつ調べていく。窓

67

図4.2 2016年8月19日9時（東部標準時）の私のギャッパーウオッチリスト

Symbol	Price ($)	Gap ($)	Gap (%)	Vol Today	Flt (Shr)	Avg True	Avg Vol	Company Name
GEO	21.58	2.07	10.6	398,063	72.5M	1.82	5.24M	GEO GROUP
CXW	19.25	1.68	9.6	436,502	116M	1.77	9.03M	CORRECTIONS CORP
RH	32.85	2.08	6.8	60,714	38.2M	1.38	1.66M	RESTORATION HARDWARE
AMAT	29.05	1.37	4.9	346,655	1.09B	0.40	11.7M	APPLIED MATERIALS
FL	64.61	2.93	4.8	120,569	134M	1.24	2.19M	FOOT LOCKER
DE	80.00	3.06	4.0	353,444	259M	1.00	3.05M	DEERE
TWLO	53.10	-1.30	-2.4	88,975	45.3M	4.16	11.6M	TWILIO INC
EMR	51.89	-2.78	-5.1	118,092	639M	0.88	2.37M	EMERSON ELECTRIC

を空けた原因を知るために、それぞれに関するニュースを調べるのだ。その銘柄にはファンダメンタルズ的なきっかけがあったのだろうか。その会社に関する何らかのニュースや極端な出来事があったのだろうか。

　私は、このギャッパーウオッチリストからたいてい2〜3の銘柄を選び、さらによく観察する。8銘柄すべてを観察することはできないし、いずれにしても注目すべきは2〜3銘柄しかない。私は、その日最適な2〜3銘柄を画面で注視し、トレード可能なセットアップを待つ。私はマーケットが開く前にトレード計画を立て（if-then文も考える、詳しくは第9章参照）、取引開始を待って計画を実行する。

　前述のとおり、私は原則として空売り残高比率がかなり高い銘柄や、1日の出来高が50万株未満の銘柄はトレードしない。空売り残高比率が高いということは、トレーダーや投資家が下げる可能性が高いと考えていることを示している。このような株には、ブル派の投資家やトレーダーによる玉締めに遭いやすいという難しさがある。玉締めは、空売りした人たちがパニックを起こし、借りた株をあわてて返そうとするときに起こり、株価が急速かつ危険に上昇していくことである。玉

締めになったときに空売りポジションを抱えていたくはない。

　時には、スキャニングをすると条件に合う銘柄が見つからないこともある。そのようなときは、日中にリアルタイムのスキャナーを見て、さまざまな戦略（モメンタム戦略、リバーサル戦略ほか）に合うインプレー銘柄を探す。ただ、最初は必ずプレマーケットのギャッパーウオッチリストから探す。

日中のリアルタイムのスキャニング

　戦略によっては、トレード候補がプレマーケットでは見つけられないこともある。第7章で紹介するモメンタム戦略、トップリバーサル戦略、ボトムリバーサル戦略などは、取引時間中にセットアップができた場合に使うことができるもので、これをプレマーケットの時点でウオッチリストに載せるのは難しい。これらの戦略については、専用のスキャナーがあり、それは次の項で説明する。

リアルタイムの出来高レーダー

　日中に、朝のウオッチリストでは見つからなかった新しいインプレー銘柄が出てくることもある。**図4.3**は、私のトレードアイデアというスキャナー（第5章参照）の画面の例である。このソフトは、次のような条件で、リアルタイムでトレード候補を探している。

1．最低でも1ドル以上の窓を上か下に空けた
2．ATRが50セントを超えている
3．その日の出来高が過去の平均出来高の1.5倍以上になっている
4．1日の平均出来高が50万株以上

69

図4.3　日中の出来高レーダーを使ってリアルタイムでインプレー銘柄を探した結果

VolumeRadar: 10:55:00 - 10:59:59

Symbol	Price ($)	Chg Close	Vol Today (Shr)	Avg Vol	Pos Rng (%)	Rel Vol	Avg True	Sector
USG	30.54	8.8	3,059,686	918K		10.6	0.56	Manufacturing
RMD	67.89		622,086	1.41M		3.23	0.99	Manufacturing
KLAC	68.74	1.8	706,826	1.51M		2.31	1.80	Manufacturing
HLF	62.30	3.0	1,853,963	3.26M		1.86	1.52	Wholesale Trade
HOG	51.83		936,729	1.20M		1.34	1.28	Manufacturing
GOLD	98.37		172,337	960K		0.56	2.77	Mining, Quarrying, and Oil and Gas Extraction

　これらが日中のインプレー銘柄の条件である。ATRが50セント以上であることが重要なのは、日中のボラティリティを利用して利益を上げるために十分な値幅が必要だからである。1日平均5セントしか動かない株では、トレードする意味がない。

　それ以外に、セクター別の探し方もする。もしリストに同じセクターの株がいくつかあれば、それらはインプレー銘柄ではない可能性が高い。相対的に出来高が多いのは、プロのトレーダーがそのセクターで激しくトレードしているからなのである。株とそのセクターの動きがよく連動していることを知っておくことはぜひ覚えておくとよい。例えば、原油株が下げているときは、石油会社の株も下げている。そのため、インプレー銘柄はセクターのほかの株とは違う動きをしていることを確認する必要がある。繰り返しになるが、トレードは銘柄選びで決まる。たとえ世界一のトレーダーでも、間違った株をトレードすれば損失を出すことになる。

リアルタイムのブルフラッグ・モメンタム・スキャナー

　前にも書いたが、モメンタム戦略では浮動株が少なくて動きがある

第4章　トレードに適した銘柄の見つけ方

図4.4　日中のリアルタイムのブルフラッグ・モメンタム・スキャナーの結果

Time	Symbol	Price ($)	Vol Today	Rel Vol	Flt (Shr)	Vol5 Min	Strategy Name
3:49:26 PM 8/29	NIHD	2.73	1.30M	3.18	92.4M	1,321	Medium-Float Bull Flag Momentum
3:49:01 PM 8/29	LNTH	9.70	1.44M	6.25	11.3M	917.2	Medium-Float Bull Flag Momentum
3:48:53 PM 8/29	LNTH	9.67	1.44M	6.24	11.3M	1,005	Medium-Float Bull Flag Momentum
3:48:18 PM 8/29	NIHD	2.69	1.27M	3.15	92.4M	1,078	Medium-Float Bull Flag Momentum
3:46:51 PM 8/29	NIHD	2.67	1.24M	3.11	92.4M	864.5	Medium-Float Bull Flag Momentum
3:46:32 PM 8/29	LNTH	9.66	1.40M	6.10	11.3M	764.6	Medium-Float Bull Flag Momentum
3:45:54 PM 8/29	CSTM	6.10	2.28M	3.33	70.0M	1,720	Medium-Float Bull Flag Momentum
3:45:27 PM 8/29	LNTH	9.58	1.38M	6.07	11.3M	925.0	Medium-Float Bull Flag Momentum
3:45:02 PM 8/29	SGU	8.90	131,484	3.00	51.7M	8,429	Medium-Float Bull Flag Momentum
3:43:59 PM 8/29	CSTM	6.09	2.25M	3.31	70.0M	1,441	Medium-Float Bull Flag Momentum
3:43:58 PM 8/29	TPIC	20.96	1.16M	4.99	11.2M	2,169	Daily Breakout Bull Flag Momentum
3:43:41 PM 8/29	LNTH	9.56	1.36M	6.02	11.3M	654.7	Medium-Float Bull Flag Momentum

History: Intraday Bull Flag Momentum Scalping Strategy

銘柄を探す必要がある。しかし、このような株は優れたスキャナーがないと見つからない。私は、トレードアイデアというソフトウェアを使っている。私の会社のウェブサイトからトレードアイデアのリンクに進むと、私のトレードコミュニティー限定の割引コードが取得できる。

　図4.4は、私がモメンタム戦略の候補をリアルタイムでスキャニングをした例である。このスキャナーは、日中に相対的に出来高が多く、浮動株が少なく、活発に動いている銘柄を探してくれる。私はこれらの銘柄をさらに調べ、モメンタム戦略の条件（第7章参照）に基づい

71

図4.5　日中のリアルタイムのリバーサルスキャナーの結果

History: Bottom Reversal

Time	Symbol	Price ($)	Vol Today	Consec Cnds	Rel Vol	Avg True	5 Min RSI (0
3:51:29 PM	ZG	34.80	648K	-4	1.12	1.13	23.8
3:49:21 PM	TRI	41.54	733K	-4	1.25	0.48	20.7
3:48:13 PM	TRI	41.55	718K	-4	1.23	0.48	21.9
3:45:45 PM	TRI	41.56	700K	-4	1.22	0.48	22.8
3:38:37 PM	MCHI	46.86	909K	-4	1.07	0.51	18.1
3:37:28 PM	MCHI	46.87	885K	-4	1.05	0.51	18.6
3:36:12 PM	MCHI	46.89	862K	-4	1.02	0.51	19.9
3:35:09 PM	MCHI	46.90	844K	-4	1.01	0.51	20.6
2:31:55 PM	SBAC	112.96	618K	-4	1.37	1.79	23.4
2:26:13 PM	SBAC	112.98	608K	-5	1.37	1.79	24.1
2:23:22 PM	PGR	32.33	2.00M	-4	1.55	0.39	23.4
2:21:22 PM	PGR	32.34	1.99M	-4	1.56	0.39	24.3
2:18:40 PM	RMD	67.51	2.48M	-5	5.79	0.89	19.2
2:12:47 PM	RMD	67.54	2.46M	-4	5.91	0.89	18.7
1:18:44 PM	AMT	115.03	923K	-5	1.29	1.31	26.1
1:16:34 PM	AMT	115.05	912K	-5	1.29	1.31	26.6
1:15:29 PM	AMT	115.07	910K	-5	1.29	1.31	27.3
1:14:14 PM	AMT	115.08	907K	-4	1.29	1.31	27.4

History: Top Reversal

Time	Symbol	Price ($)	Vol Today	Consec Cnds	Rel Vol	Avg True	5 Min RSI (0
2:36:54 PM	DATA	62.00	6.17M	4	7.76	1.49	53.2
2:27:42 PM	SGEN	47.83	535K	4	1.50	1.20	57.1
2:27:35 PM	FISV	104.19	711K	4	1.42	1.63	67.9
2:27:35 PM	FISV	104.19	711K	4	1.42	1.63	67.9
2:10:03 PM	DD	70.42	2.74M	4	2.23	0.90	73.1
1:46:26 PM	PVH	109.37	829K	5	2.10	2.41	64.6
1:40:54 PM	SHOP	42.20	1.20M	5	1.43	1.72	56.3
1:40:49 PM	MENT	23.68	2.26M	5	6.47	0.47	59.4
1:40:10 PM	PVH	109.36	807K	4	2.09	2.41	65.4
1:35:26 PM	SHOP	42.19	1.19M	4	1.45	1.72	55.7
1:35:14 PM	MENT	23.67	2.25M	4	6.56	0.47	58.3
1:32:41 PM	SWFT	19.48	1.32M	5	1.03	0.53	68.4
1:32:12 PM	DSW	26.01	1.07M	4	1.40	0.67	61.7
1:31:37 PM	ZAYO	29.37	1.14M	4	1.01		53.0
1:23:30 PM	AME	49.71	852K	4	1.08	0.83	68.0
1:20:12 PM	AME	49.70	848K	4	1.08	0.83	66.9
1:20:12 PM	AME	49.70	848K	4	1.08	0.83	66.9
1:20:12 PM	BA	134.14	1.96M	4	1.20	1.37	55.6

てトレードするかどうかを決めている。

リアルタイムのリバーサルスキャナー

　トップリバーサル戦略とボトムリバーサル戦略の候補も、プレマーケットで見つけることはできないため、日中にリアルタイムでスキャニングをする必要がある。**図4.5**はトップリバーサル戦略とボトムリバーサル戦略用のスキャニング結果を示している。

　図4.5から分かるように、私はリバーサル戦略でトレードするために、リアルタイムで下落している株や急騰している株を探している。これらの戦略については、第7章で詳しく説明している。

　スキャニングの詳細についても、第7章で戦略ごとに注目点を説明していく。もし自分で新しい戦略を開発するならば、そのためのスキャナーも合わせて開発するとよい。これらのスキャナーは非常に調整がしやすく、変数を任意で変えることができる。ちなみに、先の条件

は私にとってうまくいくものだが、経験を積んでほかの戦略を学び、自分のトレードスタイルも分かってくると、自分に合ったスキャナーを作りたいと思うかもしれない。

　通常、新人トレーダーは最初はスキャナーを使う必要がない。デイトレーダーのコミュニティーに参加すれば、そこでヒントを得られるからだ。例えば、私が主催しているチャットルームに入れば、リアルタイムで私のスキャナーを見ることができる。スキャナーは価格が高いため（１カ月で100ドル程度）、デイトレードを始めてすぐのころは経費をできるだけ抑えるほうがよいだろう。

スキャニングに基づいてトレード計画を立てる

　インプレー銘柄が見つかったら、セットアップを探す。私はこれらの銘柄のチャートを見ながら第７章で紹介する戦略を使ったトレード計画を立てる。通常、私は３つのインプレー銘柄を選び、それを３つのディスプレイに表示させて観察していく。そして、使えそうな戦略があれば、トレードを計画する。ここは素早く決定しなければならない。計画は、２～３分で立てることもあれば、２～３秒のこともある。シミュレーターで何カ月も訓練して判断過程を十分理解しておかなければならない理由はここにある。

　ちなみに、私は量よりも質をはるかに重視している。マーケットには何百万人ものトレーダーがいて、何百万もの戦略が使われている。そのため、私は自分の性格や資金量に最も合った戦略を探す必要があり、自分にも投資仲間にもぴったりくる戦略を見つけた。それが最高のセットアップができたときのみトレードするということで、言い換えれば、それが見つからないときは傍観するということでもある。

　デイトレードは退屈な仕事でもある。ほとんどの時間は座って自分のリストを眺めている。実際、デイトレードが退屈でないと感じる人

73

は、おそらくトレードをしすぎている可能性がある。

　トレードにおける忍耐の重要性を説明しておこう。トレードのしすぎという間違いを犯しているトレーダーはたくさんいる。彼らは、１日に20回、30回、40回とトレードし、なかには60回などという人もいる。そして、そのたびに証券会社に手数料を支払っている。つまり、トレードをしすぎることで、資金と手数料の両方を失っているのである。証券会社の手数料は１トレード当たり4.95ドル程度なので、40回トレードすれば、証券会社に１日200ドルの手数料を支払うことになる。これは大金だ。トレードしすぎると、証券会社は儲かるが、あなたは破産に近づく。トレーダーの目的はうまくトレードすることであって、頻繁にトレードすることではない。

　トレードのしすぎのもう１つの問題はリスクである。トレードしている間はリスクにさらされている。しかし、そのような状態は、トレードする価値がある戦略のセットアップができていないかぎり避けるべきである。

　ここで次の貴重なデイトレードのルール８を紹介しよう。

ルール８──経験豊富なトレーダーはゲリラ兵と似ている。彼らは正しいタイミングで飛び出してきて、素早く利食って撤退する。

　株式市場は、コンピューターや非常に洗練されたアルゴリズムなどに支配されているため、極めて高頻度のトレードが行われている。高頻度トレードは、プライスアクションにかなりのノイズを生み出すが、それは小口トレーダー（つまり、あなたや私）をふるい落とすためなのである。そこで、あなたは賢く行動しなければならない。自分をさらけ出してはならないのだ。利益を上げているトレーダーは、たいてい１日に２～３回しかトレードしない。それが終われば、残りの時間は楽しんでいるのだ。

第5章 ツールとプラットフォーム

Tools and Platforms

　どんな仕事にも言えることだが、デイトレードを始めるときにもいくつかの大事なツールが必要になる。まずは、証券会社と注文を出すためのプラットフォームだ。これらは絶対に欠かすことができない。

　第4章で書いたとおり、ウオッチリストを作ってリアルタイムでセットアップを探すためにはスキャナーも必要になる。ただ、トレードコミュニティーに入ると、それがなくてもやっていけるかもしれない。私のコミュニティーに入れば、私の画面をリアルタイムで見ることができるだけでなく、私のスキャナーを使うこともできるからだ。

どの証券会社を使うか

　デイトレードをするためには、良い証券会社と直接取引する必要がある。実際、必要なのはただ良いだけでなく、素晴らしい証券会社であることだ。証券会社は、トレードするための手段である。もし証券会社を通して注文が素早く良い価格で執行できなければ、トレーダーが適切かつ正確にトレードしても、損失を被ることになる。証券会社はたくさんあり、それぞれソフトウェアや価格体系が違う。優れていても高いところもあれば、ひどくて安いところもあるが、その多くはひどいか、高いか、その両方である。本書が長くならないように、こ

75

こで証券各社の紹介はしないが、私の会社のサイトでさまざまな証券会社の情報や選び方について説明しているので、ぜひアクセスしてみてほしい。ここでは、私が使っている証券会社とその理由を紹介しておく。

インタラクティブ・ブローカーズ

この会社を使う理由はいくつかある。

まず、私はカナダのバンクーバーに住んでおり、インタラクティブ・ブローカーズ（IB。https://www.interactivebrokers.com/）を使えば、デイトレードで非課税の退職金口座のRRSPを使うことができる。カナダには、非課税の退職金口座（TFSA、RRSP［カナダ版401k］など）をデイトレードに使える証券会社はあまりない。

2つ目に、IBは手数料が安い。私の場合、1トレード当たりの手数料は1ドルを下回っている（最も安いケースは0.0015セント）。多くの証券会社が1トレード当たり4.95ドルかかることを考えると、これは驚くほど安い。

IBを使うもう1つの理由は、カナダの顧客がトレード口座の残高が最低2万5000ドルなくてもデイトレードができるからだ。アメリカのトレーダーならば、アメリカ国外の証券会社（例えば、シュアトレーダー）でなければ最低2万5000ドルが必要になる。詳しくは、オンラインで提供されている「パターンデイトレード」の規則を参照してほしい。

シュアトレーダー

シュアトレーダー（https://www.suretrader.com/）は、国際的なトレーダーや、資金が2万5000ドル未満でパターンデイトレードルール

に該当しないトレーダーに人気がある。ただし、手数料は1トレード当たり4.95ドルなので、1回のトレード（買いと売り）で最低でも9.90ドル（4.95ドル×2）がかかる。手数料が高いので、シュアトレーダーを使う場合はトレードしすぎにならないように注意が必要だ。

　アメリカ居住者の場合、トレード資金が2万5000ドル未満でデイトレードの良い証券会社を探しているならば、シュアトレーダーは最善の選択肢の1つと言える。ちなみに、この証券会社ではトレード口座を500ドルから開設できるが、私は5000ドル未満の資金でデイトレードをすることは到底勧められない。

　ここで1つ覚えておいてほしいことがある。証券会社は、3～6倍のレバレッジを提供している。例えば、3万ドルの委託証拠金で12万ドルの購買力が得られるのだ（4倍のレバレッジ、私がIBから受けている倍率）。レバレッジは「信用取引」とも呼ばれており、これを使ってトレードできるが、それには責任が伴う。信用買いは簡単だが、資金を失うのも簡単だ。信用取引で失敗すると、証券会社は損失を現金の口座から徴収する。つまり、信用取引は諸刃の剣なのである。より大きく買うチャンスを提供する反面、より大きいリスクにさらされるからだ。信用買いは間違ったことではないが、それには責任があるということを忘れないでほしい。

　委託証拠金は、住宅ローンの担保のようなものだ。家を買うときは、高額な借金をする。銀行は住宅ローンを提供するが、責任やリスクはあなたにある。例えば、10万ドルの頭金で90万ドルの住宅ローンを受けて100万ドルの家を買うとする（10倍のレバレッジ）。もし、この住宅の価格が120万ドルに値上がりしたとしても、銀行に返済するのは90万ドルと金利なので、値上がり分の20万ドルは実質的に信用取引の利益になる。住宅ローンというレバレッジなしにこの家は買えなかったからだ。しかし、家の価格が90万ドルに値下がりした場合、やはり銀行には90万ドルと金利を支払う必要があるため、支払った頭金の10万

ドルは損をすることになる。これがレバレッジのマイナス面だ。そのため、信用取引はいつ、どのくらい使うかをよく考える必要がある。

　証券会社は、あなたが信用取引で含み損を抱えていることが分かると、「追証」を請求する可能性がある。追証は深刻な警告で、デイトレーダーはぜひこれを避けてほしい。これは、含み損が委託証拠金と同じになったということで、委託証拠金を追加しなければ、証券会社は口座を凍結する。委託証拠金やレバレッジや追証については、証券会社のウェブサイトに載っている。自分で調べるか、私にメールをくれるか、参加しているチャットルームで質問するとよい。

　私を含む多くのデイトレーダーが、10万ドル程度の購買力でトレードしている。「購買力」というのは、資金と証券会社が提供するレバレッジの合計額で、前述のとおり、インタラクティブ・ブローカーズは、私に4倍のレバレッジを提供してくれている。レバレッジは、リターンを拡大する反面、損失も拡大する。ただ、私はポジションを長く保有せず、ほとんどはその日のうちに手仕舞うなど、損失をできるかぎり小さく抑える努力をしている。シュアトレーダーは、私に6倍のレバレッジを提供してくれる数少ない1社で、ここではトレード口座に5000ドルあれば、3万ドルの購買力が得られる。

トレード用プラットフォーム

　デイトレードで成功するためには、トレードの素早い執行がカギとなる。仕掛けるのも手仕舞うのもスピードが大事なのだ。しかし、もし証券会社のプラットフォームにホットキーがなければ、それはかなわない。これまで、株価が急騰して利益が1000ドルに達するということを、私は何度も経験している。そのようなときは、即座に利食いたい。注文に手間取っている場合ではないのだ。素早く注文を出すためには、良い証券会社と、注文を素早く出せるプラットフォームを選ぶ

よう強く勧める。

　私は、DASトレーダー（https://dastrader.com/）のプラットフォームを使ってトレードしている。DASのプラットフォームは、同社が広告でうたっているとおり、世界中のオンライントレーダーにとって、最も効率的な執行を実現してくれるソリューションの1つである。

　DASは、文字どおり年中無休で非常に有益で有能なサポートを提供している。DASのサーバーは、ナスダックのデータセンターと並んで設置されており、これ以上マーケットの近くでトレードすることはできない。DASトレーダーは証券会社ではないが、このプラットフォームはトレード口座とリンクして素早く執行することができる。証券会社のなかには（シュアトレーダー、スピードトレーダーなど）、口座を開設するとDASのプラットフォームを提供してくれるところもある（月額料金はかかる）。私が使っているIBは、トレーダーワークステーション（TWS）という独自のプラットフォームがあるが、これはデイトレードには勧めない。私は直接DASと契約し、彼らがこのプラットフォームと私のIBの口座をリンクしている。

　ここで注意してほしいことがある。私はDASのチャートと注文のためのプラットフォームを使っているが、彼らはクリアリング会社ではないということだ。DASが証券会社だと思っている人は多いが、そうではない。DASは私の注文をナスダックのデータセンターに送り、IBが私のクリアリング会社としてその注文を執行する。トレードの手数料はDASではなく、IBに支払い、DASには毎月プラットフォームと、リアルタイムのデータフィードと、レベル2（後述する）の料金を支払っている。

リアルタイムのマーケットデータ

　スイングトレーダーは、仕掛けたあと数日から数週間で手仕舞うた

め、インターネットで無料で入手できる終値のデータがあればトレードできる。しかし、デイトレーダーは2～3時間とか2～3分といった時間枠でトレードしているため、日中のリアルタイムのデータが欠かせない。残念ながら、リアルタイムのマーケットデータは無料ではないため、証券会社やDASなどに毎月手数料を支払って、自分が必要とするデータを入手しなければならない。どのデータを買うかは、トレードしているマーケットによって違う。もしカナダのマーケットでトレードするのならば、トロント証券取引所（TSX）のリアルタイムのデータがいる。私は、出来高（つまり流動性）が多く、ボラティリティも高いアメリカのマーケットにほぼ限定してトレードしているため、ナスダックのリアルタイムのデータを必要としている。いずれにしても、リアルタイムのマーケットデータがなければ、デイトレードを適切に行うことはできない。

　ナスダックトータルビューのレベル2のリアルタイムデータフィードについては、取引している証券会社に聞いてみるとよい。証券会社によっては月額料金を課すところもある。

ナスダックのレベル2とビッド・アスク

　デイトレードでは、データフィードの一つとしてナスダックのレベル2にアクセスする必要がある。レベル2は、どのようなタイプのトレーダーが売買しているか、近い将来に株価がどちらの方向に向かう可能性が高いか、などといったプライスアクションに関する重要な洞察を与えてくれることがある。ちなみに、レベル2は「先行指標」と言われており、トレードが執行される前に何らかの動きを示唆してくれる。一方、移動平均線やチャートなど、ほとんどの指標は「遅行指標」と言われており、これらは実際に執行されたあとの情報に基づいている。

80

第5章 ツールとプラットフォーム

図5.1　日中のUNHのナスダックレベル2の画面（株数＝「SIZE」の単位は100株）

UNH ▼	▲ 160.67 - 156.23		PCL 160.73	N	
Last 157.4145	-3.315 (-2.1%)		Vol 2,424,371		
Lv1 157.38	157.43		VWAP: 157.45	S	

MMID	BID	SIZE	MMID	ASK	SIZE
NYSE	157.38	2	NYSE	157.43	2
NASD	157.38	2	ACB	157.45	1
BATS	157.38	2	ARCA	157.45	1
NSDQ	157.38	2	BYX	157.46	1
ACB	157.38	1	NSDQ	157.47	1
EDGX	157.38	1	NASD	157.47	1
ARCA	157.38	1	EDGX	157.48	2
IEX	157.37		NSDQ	157.48	0
NSDQ	157.36	2	ACB	157.49	1
NSDQ	157.35		NSDQ	157.49	0
ACB	157.35	1	ACB	157.50	1
ACB	157.34	2	NSDQ	157.51	1
NSDQ	157.34	1	NSDQ	157.52	2
ACB	157.33	1	ACB	157.53	1
NSDQ	157.32	1	BATS	157.53	1

\Montage/INET\ARCA/

UNH　157.38 -- 157.43　UnitedHealth Group Incorporated Comm...

　レベル2は、実質的にナスダックの板情報である。マーケットメーカーやマーケット参加者の注文が出されると、レベル2は、マーケット参加者が提示したビッド（買い気配値）とアスク（売り気配値）を価格順のリストとして示すことで、プライスアクションに関する細かい洞察を与えてくれる。特定の株にマーケット参加者の関心がどれくらいあるかが分かれば、極めて有利で、デイトレーダーにとっては特にそうだ。

　レベル2の気配値の画面は、**図5.1**のようになっている。

　マーケットが開くと、どの銘柄にも必ず2つの価格が表示される。アスク（売り気配値）とビッド（買い気配値）だ。ビッドは、その瞬間、

81

みんながいくらならば買うか、アスクはみんながいくらならば売るかを示している。価格は常に安いほうがビッドで、高いほうがアスクになっており、その差はビッド・アスク・スプレッドと呼ばれている。ビッド・アスク・スプレッドは、銘柄によって違うし、同じ銘柄でも1日のなかで変動している。

　図5.1はユナイテッドヘルス・グループ（UNH）の画面で、1行目の右半分（アスク側）を見ると、だれかが200株（「SIZE」は100株単位）をNYSE（ニューヨーク証券取引所）を通じて157.43ドルで売ろうとしていることが分かる。次に左半分（ビッド側）を見ると、複数のマーケット参加者が157.38ドルで買おうとしていることが分かる。ユナイテッドヘルス・グループを買いたいトレーダーは、それぞれのビッドをマーケットメーカーを通してレベル2のビッド側に載せているのである。ちなみに、この銘柄を活発に扱っているマーケットメーカーには、NYSE、NASD、BATS、NSDQ、ACB、EDGX、ARCAなどがある。

　レベル2の画面で最も重視すべき情報は、ビッド・アスク・スプレッドである。スプレッドは、出来高が少ない銘柄ほどより開くことになる。これは、その銘柄で有力なマーケットメーカーが、新たに参入しようとする人に高い手数料を課しているからである。

　ビッド・アスク・スプレッドは、活発にトレードされている株ならば、比較的に静かな日は1セントまで下がることもある。しかし、株価が暴落したり急騰したりしたあとは、スプレッドが急変してかなり開くこともある（私が見た最高は2ドル）。

私がチャートに表示している指標

　私は、デイトレード用のチャートに最低限の指標のみを表示して、比較的すっきりとさせている。デイトレードでは、情報を素早く処理し

第5章　ツールとプラットフォーム

て、瞬時に判断を下していく必要があり、指標をたくさん表示しても
見ている暇はない。私は、次の指標をチャートに表示している。

1．ローソク足チャート
2．出来高
3．9EMA（指数平滑移動平均線）
4．20EMA
5．50SMA（単純移動平均線）
6．200SMA
7．VWAP（出来高加重平均取引）
8．前日の終値
（9．日足の支持線や抵抗線）

　1～8は自動的に計算されて私のDASトレーダー・プロのプラット
フォームに表示されている（手動で計算したりプロットしたりはしな
い）。用語については、本書後半で説明する。

　私のプラットフォームは、9の支持線や抵抗線を自動的に計算して
表示する機能がないため、手動で表示しなければならない。私は通常、
この作業をマーケットが開く前のインプレー銘柄のウオッチリストを
作るときや、日中にスキャナーに新しい銘柄が入ってきたときなどに
行っている。そして、トレードするときは直近の重要な支持線や抵抗
線の水準を必ず見ている。

　画面の色は、VWAPが青で、そのほかの移動平均線はすべてグレー
にしている。VWAPはデイトレードで最も重要な指標なので、ほかの
移動平均線と簡単に見分けがつくようにしておく必要がある。私は、チ
ャートにたくさんの色を使いたくないので、背景を白にして、ほとん
どの情報を赤と黒で表示している。さまざまな色を使うと間違えやす
いだけでなく、長く見ていると目に負担がかかって視力の低下にもつ

83

図5.2　私が使っている画面と指標の説明（200SMAはこのときは画面の外にあるため、表示されていない）

ながる。また、暗い色を背景にすると、私は目が痛くなり、長時間見ていると視力が衰えてくるような気がするため、避けている。図5.2は、私が使っているチャートの画面に、指標の説明を加えたものである。

買い注文と売り注文

　デイトレードで使う注文には３つの重要なタイプがある。

１．成り行き注文
２．指値注文
３．市場性のある指値注文

成り行き注文

「価格に関係なく今買ってくれ」
「価格に関係なく今売ってくれ」

　成り行き注文は、いくらでもよいから即時に株を買う（または売る）
よう証券会社に頼むということを意味している。繰り返しになるが、コ
ストがいくらかかってもよいということである。成り行き注文を出す
と、何が起こってもその時点の価格で執行される。一方、指値注文は、
許容できる最高額または最低額を指定できる。

　成り行き注文では、基本的にビッド・アスク・スプレッドの悪いほ
うの価格で執行される。買い注文ならばアスク（高いほう）、売り注文
ならばビッド（安いほう）ということだ。成り行き注文の問題点は、マー
ケットが急変してビッド・アスク・スプレッドが変わると、不利な
価格で執行されてしまうことにある。例えば、もしビッド・アスク・
スプレッドが10.95ドル‐10.97ドルのときに成り行き注文を出せば、
10.97ドルですぐに買えるはずである。しかし、この注文が証券取引所
に届いたときにマーケットが急変して11.10ドル‐11.15ドルになってい
たら、11.15ドルで執行されてしまう。これは18セントのスリッページ
を食らったことになり、かなり高くなってしまった。

　マーケットメーカーやプロのトレーダーの多くが、成り行き注文に
応じることでかなりの利益を上げている。私はどのようなときでも成
り行き注文は勧めない。これは白紙小切手のようなものなのである。た
いていは気配値に近い価格で執行されるが、ときおり予期しない不快
な思いを味わうことになる。

　私は、できるだけ指値注文を使うことを勧めている。

指値注文

「この価格以下で買ってくれ。これよりも高ければ買わない」
「この価格以上で売ってくれ。これよりも安ければ売らない」

　指値注文は成り行き注文とは違い、自分が支払うつもりの金額を限定できる。買いたい株数と支払うつもりの金額を指定して注文を出すのだ。例えば、**図5.3**のレベル２の画面には、私が出した２つの指値注文が載っている。私は証券会社にテバ・ファーマシュティカル・インダストリーズ（TEVA）を34.75ドルで100株と、34.74ドルで100株買う注文を出していた。前述のとおり、サイズは100株単位なので、表示されている１は100株を意味している。そして、この注文がレベル２に表示され、執行されるのを待っている。ただ、この価格で執行される保証はない。もし株価が上がれば、この注文は執行されず、再びこの水準に下がるまでレベル２に残る。それ以外に、価格の上昇が速すぎて、部分的に執行されるときもある。
　ちなみに、スイングトレーダーは通常、指値注文を使っている。

市場性のある指値注文

「今買いたい、ただし最高この価格まで。これより高くは買わない」
「今売りたい、ただし最低この価格まで。これよりも安くは売らない」

　デイトレーダーにとって最も大事なタイプの注文は、市場性のある指値注文である。この注文を出すと、指定した価格帯のなかで買える（または売れる）分が即座に執行される。市場性のある指値注文の場合、証券会社に即時の売買を依頼するものの、価格の限度を指定できる。例えば、**図5.3**のTEVAのレベル２の状況で、証券会社に100株を「アス

第5章　ツールとプラットフォーム

図5.3　日中のTEVAのナスダックレベル２の画面。私は買いの指値注文
を２つ入れている（合計200株）。SMRTは私が使っている証券
会社IBの通常のクリアリングルート

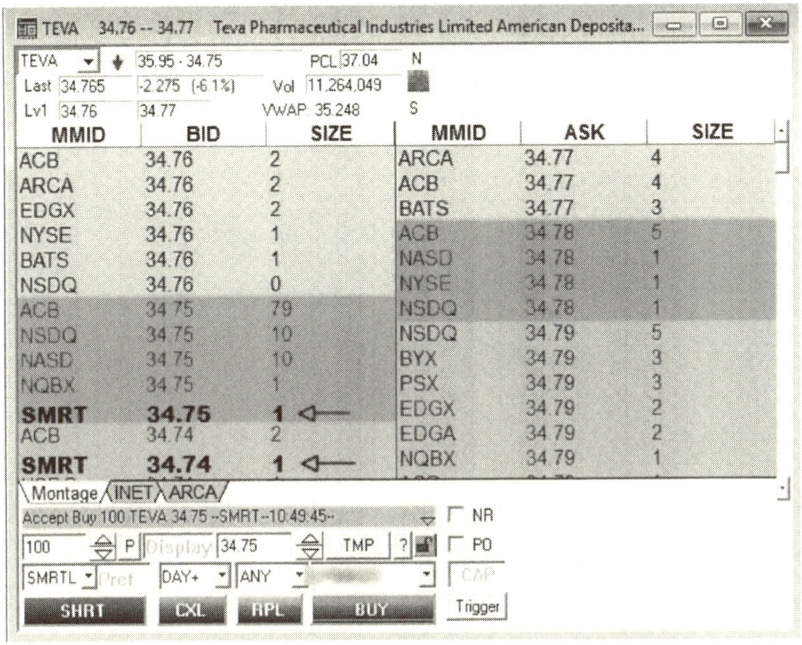

ク＋５セント」までで買いたいなどと注文でき、証券会社はできる範
囲で執行してくれる。**図5.3**のアスク側（右半分）の最初の３行には
1100株（４＋４＋３＝11、単位100株）の売りがある。そのため、この
注文は、成り行き注文と同じように即座に執行される。しかし、もし
執行される前に価格が急騰してしまっても、34.82ドル（アスクの34.77
ドル＋５セント）まで買う許可を出しているため、証券会社は100株を
34.82ドルを超えない範囲で買い続ける。

　空売りの場合も、同じように許容できる範囲を指定して注文を出す
ことができる。例えば、証券会社に「ビッド−５セント」と指定すれ

87

ば、ビッドよりも５セント安い価格未満では売らないということを意味している。

　私は、デイトレードの注文をすべて市場性のある指値注文で出している。通常、「アスク＋５セント」で買い、「ビッド－５セント」で売っているのだ。次の項では、私が注文で使っているホットキーを紹介する。

ホットキー

　ホットキーは、自動的に注文を出せるようにするために、キーボードに設定した特定の組み合わせのキーのことである。プロのトレーダーは、ホットキーを仕掛けにも、手仕舞いにも、損切りにも、注文のキャンセルにも使っている。彼らは、マウスやそれ以外の手動の操作で仕掛けることはない。ホットキーを使うと、手動で行った場合の遅れをなくすことができる。マーケットのボラティリティを利用して（特に寄り付きで）、適切にトレードできれば大きな利益を上げることができるが、素早く行動できなければ大きな損失につながりかねない。ホットキーを適切に使うことが、勝敗を分けることも多い。

　私が使っているほとんどのデイトレード戦略には、スピードが求められる。デイトレードでは、マーケットの素早い動きに対応する必要があり、寄り付きについては特にそうだ。株価がほんの数秒のうちに仕掛けや手仕舞いのポイントに達してしまうことも珍しくない。効果的にデイトレードをするためには、ホットキーが使えるプラットフォームを使うことが重要だし、高速でトレードするためには考えつくかぎりのホットキーを設定しておく必要がある。私自身は、ホットキーを使わずにデイトレードで安定的に利益を上げていくのはほぼ不可能だと思っている。

　図5.4は、私がDASプラットフォームに設定しているホットキーの

第5章 ツールとプラットフォーム

図5.4 私がDASトレーダーのプラットフォームに設定している主なホットキー。すべてのホットキーは私のウェブサイト（https://www.bearbulltraders.com/）に掲載している

チャートの切り替え	ホットキー
1分足チャート	F1
5分足チャート	F2
日足チャート	F4
週足チャート	F5
月足チャート	F6
買い持ち	
400株をアスク＋0.05以下で買う	Alt+1
200株をアスク＋0.05以下で買う	Alt+Q
100株をアスク＋0.05以下で買う	Alt+A
ポジションの半分をビッド－（－0.05）以上で売る	Alt+2
ポジション全部をビッド－0.05以上で売る	Alt+3
空売り	
400株をビッド－0.05以上で空売り	Alt+4
SSRの400株をアスク以上で空売り	Alt+5
200株をビッド－0.05以上で空売り	Alt+R
SSRの200株をアスク以上で空売り	Alt+T
100株をビッド－0.05以上で空売り	Alt+F
SSRの100株をアスク以上で空売り	Alt+G
ポジションの半分をアスク＋0.05以下で買い戻す	Alt+6
ポジション全部をアスク＋0.05以下で買い戻す	Alt+7

リストである。用語はプラットフォームによって違う場合もあるので、証券会社やプラットフォームのサポート部門に確認して正しく設定してほしい。

　買いの場合（「買い持ち」は株を買い、できればそれよりも高く売ろうとすること）、私のホットキーは400株か200株か100株をアスクの価格＋5セントを上限として買う市場性のある指値注文になっている。また、「売り」のホットキーは、ポジションの半分または全部をビッドの価格－5セントを下限として売る注文になっている。売るときは、即座に執行されるようにするため、私はビッド－5セントまでは許容することにしている。DASのプラットフォームは、自動的にポジションの半分を計算してくれるし、現在のビッドやアスクを使って私が指定した価格で注文を出してくれる。

　同様に、空売り（「空売り」は証券会社から株を借りて売り、できればそれよりも安く買い戻して株を返そうとすること）のホットキーは、ビッドの価格－5セント以上で売る注文になっている。そして、「買い戻し」のホットキーはポジションの半分か全部をアスクの価格＋5セント以下で買う市場性のある指値注文になっている。この場合も、即座に執行されるようにするため、私はアスク＋5セントまでは許容することにしている。

　図5.4を見て気づいたかもしれないが、私は空売り規制（SSR）の銘柄には別のホットキーを割り当てている。SSRは、株価が前日の終値から10％以上下げると対象になる。その場合、当局と証券取引所はその銘柄が下落したときの空売りを制限するため、ビッドで売ることはできなくなり、アスクでしか売ることができなくなる。つまり、ポジションを持っている人の売りのほうが、下落を望む空売りをする人よりも優先される。それでも空売りをしたければ、アスクの側で買い手が出てくるのを待たなければならない。一方、ポジションを持っている人はビッドでポジションを手仕舞うことができる。

SSRは、空売りよりも現物売りを優先させるための規則である。そのため、SSRの対象になると、私はアスクを使って注文を出し、執行されるまで待つ。また、SSRの株には市場性のある指値注文を使うことはできない。SSRについてさらに知りたければ、インターネットで調べるか、私にメールするか、私のウェブサイトを参照してほしい。

ホットキーの最大のメリットは、株価が急変したときに、ポジションのすべてか、半分を売る注文を、価格や株数を入力しないで出すことができる点にある。デイトレードでは、ホットキーを使いこなせるようにならなければ、安定的に利益を上げることはできない。そのため、学習の一部としてシミュレーターで2〜3カ月トレードする間に、ホットキーも使いこなせるようになっておく必要がある。私はホットキーで何回も間違ったことがあるし、あなたも間違いなくそうなるだろう。これはデイトレードの学びの過程の一部なのである。だからこそ、リアルタイムのシミュレーターで第7章の戦略をホットキーを使って練習することが、極めて重要なのである。ホットキーは素晴らしいツールだが、ミスを避けるために十分練習を積んだうえで、注意深く使う必要がある。デイトレードだけでも難しいのに、ホットキーでさらに難しくしてはならない。

ホットキーは、慣れてきたころにミスを犯すことが非常に多い。私が使い方を学んでいたときは、キーボードの横にキーの組み合わせを書いて貼っていた。また、ホットキーを定義するときは、必ずシミュレーション口座で練習することにしている。時間はかかるが、ホットキーを覚えることで効果的に使えるようになる。そして、もう1つ覚えておいてほしいのは、有線のキーボードを使うことである。ワイヤレスのキーボードは、入力が繰り返し送られたり、間違ったキーを送られたり、注文が送信されなかったりすることがある。特に電池が弱っているときは要注意だ。これは、大きな影響を及ぼし、トレードを台無しにする可能性がある。実際、ワイヤレスのマウスやキーボード

の電池がなくなりかけていて適切に機能せず、困難な状況に陥ったり、大きなコストがかかってしまったりしたケースを見てきた。私は、キーボードに何か問題が起こったときのために、予備のキーボードをすぐに使える状態で用意している。かつて、キーボードに水をこぼしてしまい、急に使えなくなったことがあったからだ。幸い、そのときはポジションを持っていなかった。私はそのあとすぐに2つの新しいキーボードとマウスを買い、1セットは予備としてトレード用のデスクのすぐ横に置いてある。

ウオッチリストとスキャナー

　私はほぼ毎日、新人トレーダーと話をするし、毎月何百人ものトレーダーと話をしている。そのなかで、どの銘柄をトレードすべきか、ということが多くのトレーダーの悩みの1つになっていることが分かった。毎日、何千もの銘柄がトレードされているが、安定していて自分の条件にも合うセットアップを見つけるのはとても難しい。私は、トレードアイデア（https://www.trade-ideas.com/）というソフトウェアを使ってスキャニングを行い、良いトレードを探している。前述のとおり、私のウェブサイトから、この会社のウェブサイトへのリンクと特別割引のコードが入手できる。スキャニングとウオッチリストを作ることについては第4章で、スキャニングやトレード戦略で何に注目するかは本書後半で説明する。また、私のスキャナーの画像もこのあと紹介していく。もし私たちのチャットルームに参加すれば、私のスキャナーを見ながら私がそれをどう活用しているかがリアルタイムで分かるようになっている。

トレーダーのコミュニティー

　トレードを１人で行うのは非常に難しく、感情に押しつぶされてしまうだろう。疑問がわいたときはどうすればよいのだろうか。そんなときはトレーダーのコミュニティーに参加して、質問したり、必要があれば話をしたり、新しい手法や戦略を学んだり、株式市場に関するヒントや警告をもらったり、自分も貢献したりすることは非常にメリットがある。オンラインのトレードルームは、同じような考えを持ったトレーダーと出会うことができる素晴らしい場所で、彼らは強力な学習ツールになってくれる。

　長く続いているトレードルームを２つ挙げておこう。１つは、『**魔術師リンダ・ラリーの短期売買入門**』（パンローリング）の著者のリンダ・ブラッドフォード・ラシュキが主催し、主に複数のマーケットのテクニカルトレードについて語られているもので（http://lindaraschke. net/）、もう１つは、『**フルタイムトレーダー完全マニュアル**』（パンローリング）の著者のジョン・カーターとヒューバート・センタースが運営するサイトである（http://www.tradethemarkets.com/）。また、ジム・ダルトンとテリー・リバーマンが運営する教育プログラム（https://www.hugedomains.com/）も同じような考えのトレーダーと話をする機会を提供してくれる。ほかにも、トレード関連のフォーラムとしてエリート・トレーダー（https://www.elitetrader.com/）とトレード２ウィン（http://www.trade2win.com/）もよく知られている。もしすでに気に入ったトレード用プラットフォームやアプリケーションがあるならば、同じものを使っている人たちと話をするのも非常に有益だ。マーケット・デルタ（https://marketdelta.com/）やトレードアイデア（https://www.trade-ideas.com/）は、ユーザーのための教育プログラムとチャットルームを提供しており、活用する価値があると思う。

私自身は、私の会社が運営するチャットルームで友人や家族と話しながらトレードしている。ここでは、みんなが私のライブのスクリーンやプラットフォームを見ながら、私のトレードの様子を見たり、話をしたりできるようになっている。これは楽しいし、対話もできるし、お互いに学ぶこともできる。私はほかのトレーダーの質問によく答えているが、もしはっきりと分からないときは、ほかの参加者に聞くこともある。私たちのチャットルームには、経験豊富なトレーダーも参加しており、彼らから学ぶことも多い。また、良いトレードやセットアップがありそうなときは、お互いに知らせ合ったりもしている。このチャットルームはもう少し大きくしたいので、読者もよければ参加してほしい。私のトレードを見たり、私が質問に答えるのを見たりするメリットはあるはずだ。臆せず質問してほしい。

　トレードの初心者や経験の浅い人は、メンターや経験豊富なトレーダーの知識をスポンジのように吸い取っていき、それによって急速かつ効果的に正しいトレード行動ができるようになる。トレード結果や、うまくいったことやいかなかった経験を仲間のプロに話せば、社会的交流の場を社会的学習の場に変えることができる。経験豊富なトレーダーで、あなたが間違ったときにすぐに指摘してくれるような人をぜひ探してほしい。ほかのトレーダーと交流することによって、独習が可能になるのである。

　私のコミュニティーに参加すると、私が頻繁に損失を出していることが分かる。自分だけでなく、経験豊富なトレーダーを含めてみんなが多少の損失を出していることが分かれば、気分も軽くなるだろう。損失はトレードの一部なのである。インターネット上には、参加できるチャットルームがたくさんある。無料のものもあるが、多くは有料になっている。私のチャットルームでは、私のトレード画面をリアルタイムで公開し、戦略を説明しながらトレードしている。これを見ながら、あなたも同じトレードを仕掛けてもよいし、ただ見るだけでもよ

い。もちろん、別のトレードをしながら参加してもかまわない。私の
トレードを見たり、私と話したりしたければ、ぜひ私たちのチャット
ルーム（https://www.bearbulltraders.com/）も検討してみてほしい。

　ただ、私のチャットルームでも、そのほかのどのトレーダーコミュ
ニティーでも、みんなのまねをするだけではダメだ。これは極めて大
事なことなので覚えておいてほしい。人はたいてい、群衆に加わると
変わってしまう。普段よりも疑問を持たなくなり、衝動的になり、ま
ねをしようと先導者を不安げに探すようになる。自分で考えずに群衆
と一緒に反応するようになってしまうのだ。チャットルームの参加者
が、同じトレンドを見つけてトレードすることもあるかもしれないが、
それが反転したら共倒れになる。成功しているトレーダーは、常に自
分で考えているということをけっして忘れないでほしい。いつトレー
ドして、いつしないかは、自分ひとりで決めなければならない。

第6章 ローソク足

Introduction to Candlesticks

　第7章で私の戦略を理解してもらうためには、プライスアクションとローソク足チャートの基本を理解しておいてもらう必要がある。ローソク足は、日本人が17世紀に米をトレードするために使っていたテクニカル分析が基となっている。ローソク足チャートを発達させたのは、現在の山形県酒田市で生まれた伝説の米トレーダー、本間宗久の功績が大きい。当時行われていた初期のテクニカル分析とローソク足チャートは、今日のそれとは少し違うが、基本的な概念はあまり変わっていない。今日、私たちが知っているローソク足チャートは、1850年以降のどこかの時点で誕生した。これは本間の考えが長年のトレードによって改善され、洗練され、今日のローソク足チャートという形に結実したのだろう。

　ローソク足チャートを作成するためには、選択した時間枠のデータ（①始値、②高値、③安値、④終値）が必要になる。時間枠は、1日、1時間、5分、1分など好みの長さを選ぶことができる。ローソク足の陽線（白）と陰線（例えば、赤や黒）の部分は「実体」と呼ばれている。実体の上と下にある線は、高値と安値を示しており、「ヒゲ」（または「影」）と呼ばれている。上ヒゲの一番上が高値、下ヒゲの一番下が安値である。**図6.1**の2本のローソク足の例を見てほしい。もし終値が始値よりも高ければ、実体は白（陽線）で描き、実体の上が

97

図6.1 ローソク足の例

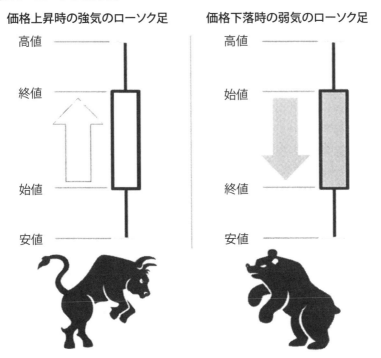

終値、実体の下が始値になる。逆に、もし終値が始値よりも安ければ、実体は黒（陰線）で描き、実体の上が始値、実体の下が終値になる。

チャートは、ローソク足以外にも、バーチャート、ラインチャート（折れ線チャート）、ポイント・アンド・フィギュアチャートなどがある。ただ、個人的にはローソク足チャートが見やすくて解釈もしやすいと思っている。ローソク足を使うと、プライスアクションが解読しやすくなる。これを見れば、初値と終値の関係や、高値と安値の関係が瞬時に分かる。始値と終値の関係はトレードに必須の情報で、ローソク足の本質とも言える。

ここで、私のデイトレードのルール9を紹介しよう。

ルール９――陽線のローソク足は、終値が始値よりも高いという
ことで、買い圧力を示している。陰線のローソク足は、終値が始
値よりも安いということで、売り圧力を示している。

プライスアクションと群衆心理

　トレーダーは基本的に３つのグループに分かれる。「買い手」と「売
り手」と「様子見の人たち」だ。通常、買い手はできるだけ安く買い
たいが、売り手はできるだけ高く売りたい。この必然的な矛盾が、ビ
ッド・アスク・スプレッドを生み出す（第５章参照）。「アスク」（売り
気配値）は、売り手が売りたい価格で、「ビッド」（買い気配値）は、買
い手が買いたい価格を示している。そして、実際のトレード価格は、あ
る時点のすべてのトレーダー、つまり買い手と売り手と様子見の行動
の結果である。

　様子見の人たちの存在が、買い手（ブル派）と売り手（ベア派）に
圧力をかけている。買い手と売り手は、様子見の人たちが突然現れて
みんなが検討しているトレードを執行してしまうのを恐れている。も
し買い手が安くなるのをあまりにも長く待っていると、ほかの買い手
が高く買って価格を上げてしまうかもしれない。また、売り手が高く
なるのをあまりにも長く待っていると、ほかの売り手が安く売って価
格を下げてしまうかもしれない。買い手も売り手も様子見の人の存在
を意識していることがトレードをあと押ししている。

　買い手は、価格が上がると思うから買う。そして、ブル派の買いに
よってマーケットは上がる。私はこれを「買い手支配」と呼んでいる。
こうなると、買い手は競って高い価格を支払おうとする。彼らは、今
買わなければ、あとでもっと高く買うことになると恐れている。様子
見のトレーダーが買い手の切迫感を刺激するため、買い手は慌てて買
い、それが価格の上昇を加速させる。

99

売り手は、価格が下がると思うから売る。そして、ベア派の売りによってマーケットは下がる。私はこれを、「売り手支配」と呼んでいる。こうなると、売り手は安くても売ろうとする。彼らは、今売らなければ、もっと安くなることを恐れている。様子見のトレーダーが売り手の切迫感を刺激するため、売り手は慌てて売り、それが価格の下落を加速する。

　成功しているデイトレードは、買い手と売り手の力関係を見極めて、勝っているほうに賭けることを目指している。幸い、ローソク足チャートは、この戦いの様子をうまく反映している。プライスアクションは、その瞬間のトレーダーの群衆心理を反映している。成功しているトレーダーは、パソコンとチャートソフトを通して群衆心理を見極める社会心理学者のような存在だ。デイトレードは、大衆心理の研究とも言える。

　ローソク足のパターンは、その株の全体的なトレンドや、買い手や売り手の勢力についてたくさんのことを教えてくれる。ローソク足は、最初は必ず中立で生まれ、そのあと強気または弱気に育っていくが、まれにどちらでもないこともある。新しいローソク足が生まれたとき、それがどうなるかはだれにも分からない。想像することはできても、本当のことはその足が終わる（終値を付ける）まで分からないのだ。ブル派とベア派の戦いは、ローソク足が生まれたときから始まっており、その結果をローソク足が映し出している。もし買い手支配の相場ならば、ローソク足は上に伸び、強気のローソク足を形成する。逆に、売り手支配の相場ならば、ローソク足は下に伸びて弱気のローソク足になる。そんなことは当たり前だと思うかもしれないが、ローソク足を買い手と売り手の攻防として見ていない人がたくさんいる。この小さなローソク足は、今、ブル派（買い手）とベア派（売り手）のどちらが優勢かを教えてくれる優れた指標なのである。

　次の項では、デイトレードで最も重要な３つのローソク足──強気、

弱気、様子見――を簡単に紹介し、第7章で戦略別にこれらのパターンの使い方を説明していく。

強気のローソク足

　長大な実体が上に伸びているローソク足（**図6.2**、**図6.3**）は、非常に強気の足である。これは、買い手がプライスアクションを支配しているということで、彼らが価格を上げていく可能性が高い。ローソク足は、価格を告げるだけでなく、ブル派の勢力が強いことを教えてくれる。

弱気のローソク足

　弱気のローソク足は、弱気の実体を持つ足である。これは何を伝えているのだろうか。弱気のローソク足は、売り手がプライスアクションを支配しているということで、「買い」は勧められないということである。

　実体が長大な陰線のローソク足（**図6.4**、**図6.5**）は、実体の上が始値、下が終値になっている。これはマーケットが弱気になっていることを示している。

　ローソク足について学んでいくと、その株の全体的な方向性が分かるようになっていく。それが「プライスアクション」と呼ばれている。価格を支配しているのがだれかを理解することは、デイトレードにおいて極めて重要なスキルである。プライスアクションは、その時点のすべてのトレーダーの群衆心理を反映している。繰り返しになるが、成功しているトレーダーは、パソコンとトレードソフトで武装した社会心理学者であり、デイトレードは日中の群衆心理の研究なのである。

　真剣なデイトレーダーは、ブル派とベア派の力関係を見極め、勝っ

101

図6.2　強気のローソク足

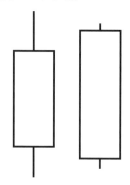

図6.3　連続した強気のローソク足はブル派（買い手）が価格を支配していることを示している

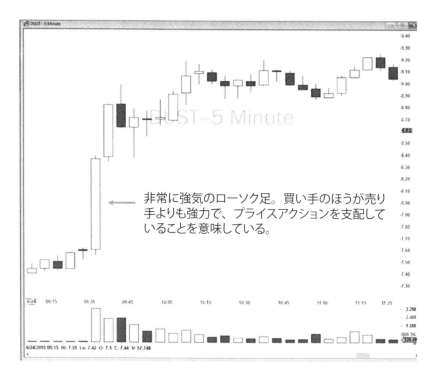

図6.4　弱気のローソク足

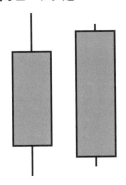

図6.5　連続した弱気の足はベア派（売り手）が価格を支配していることを示している。

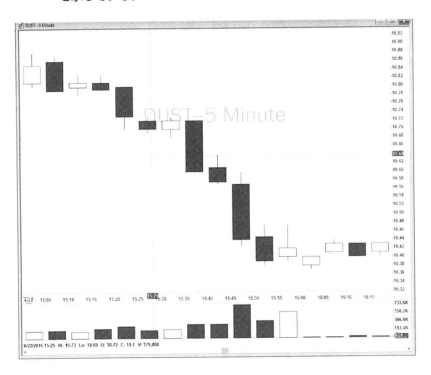

ているほうに賭けることを目指している。もしブル派の力がはるかに強ければ、買って保有するし、ベア派がはるかに強ければ、空売りをするのだ。しかし、もし両方の力がほぼ拮抗しているとき、賢いトレーダーは傍観する。彼らはブル派とベア派の攻防を観察し、ある程度どちらが勝つのか見極めがついたときに仕掛けるのである。

マーケットの間違ったサイドでトレードはしたくはない。そのためには、ローソク足の読み方を学び、トレード中のプライスアクションを常に解釈できるようになることが大事なのである。

様子見のローソク足

次の項では、デイトレードで最も重要な様子見のローソク足であるコマ（スピニングトップ）と同時線を簡単に紹介していく。そのあと、第7章でこれらの足を使ったトレードの仕方を説明していく。

コマ

コマ（**図6.6**、**図6.7**）は、上ヒゲと下ヒゲがほぼ同じ長さで、たいていは実体よりも長いローソク足である。この足ができるときは、買い手と売り手の決着がついていない場合が多い。これを様子見の足と呼ぶことにする。このようなローソク足は、買い手と売り手の力がほぼ拮抗していることを示している。ただ、だれも価格を支配していないが、攻防は続いている。このような足が出現するときは、どちらが勝つか様子を見ているトレーダーが多いため、出来高は少なめになる。様子見の足は、そのあとトレンドが急変することがあるため、これに気づくことが大事になる。

図6.6　買い手と売り手の圧力を意味するコマ

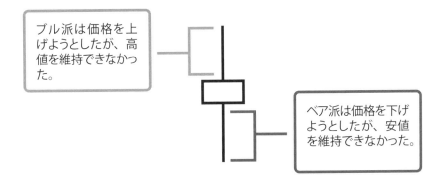

同時線──基本形、流れ星、カラカサ

　同時線も重要なローソク足パターンで、いくつかの形があるが、どれも実体がないか非常に小さい。同時線もコマと同じように、様子見の状態が多いことを表している。チャートに同時線があれば、ベア派とブル派が激しく競っているということで、まだ勝負はついていない。

　図6.8の同時線は、コマと同じようなことを伝えてくれる。実際、ほとんどの様子見の足（反転足）は、基本的に同じことを伝えている。詳しくは次の項で説明する。

　同時線の上ヒゲと下ヒゲは同じ長さにならないこともある。もし上ヒゲが長ければ、それは買い手が価格を上げようとしてうまくいかなかったことを意味している。このような同時線（流れ星）も、やはり様子見の足だが、買い手の力が落ちていて、売り手が支配権を握るかもしれないということを表している。

　一方、同時線の下ヒゲが長ければ（カラカサ）、それは売り手が価格を下げようとしてうまくいかなかったことを意味している。これは、近いうちにブル派がプライスアクションを支配するようになるというこ

図6.7　コマが形成されたあと、トレンドが反転した

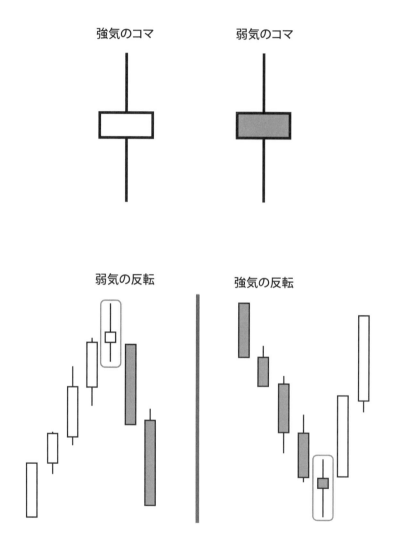

図6.8　同時線の種類

同時線（様子見の足）

買い手が価格を上げようとしたが、高値を維持できなかった

売り手が価格を下げようとしたが、安値を維持できなかった

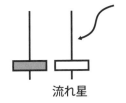

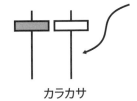

流れ星
様子見、売り手が支配権を握るかもしれない

カラカサ
様子見、買い手が支配権を握るかもしれない

とかもしれない。

　トレンドのなかで同時線が形成されると、それは様子見と反転の可能性を示している。もし下降トレンドで同時線が出現すれば、ベア派が力尽きてブル派が支配権を奪還しようとしていることを示している（**図6.9**）。同様に、もし上昇トレンドで同時線が出現すば、ブル派が力尽きてベア派が支配権を奪還しようとしていると考えられる（**図6.10**）。

　ただ、このような足を見つけられるようになっても、あわてたり興奮したりしないことが重要だ。ローソク足は完璧ではない。トレンドのなかで同時線が出現するたびに仕掛けていたら、大きな損失を被ることになる。これらの足は、様子見の状態を示しているだけで、必ず反転するわけではないということを忘れないでほしい。様子見の足を

図6.9 ボトムリバーサル戦略ではカラカサが仕掛けのシグナル

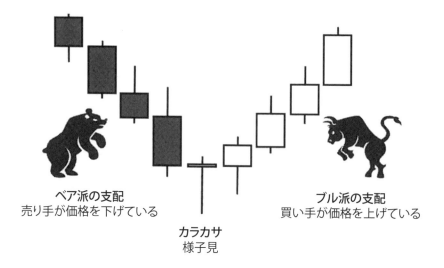

効果的に使うためには、確認の足を探すことと、できればほかの分析指標（例えば、支持線や抵抗線、詳細は第7章）を併用するとよい。

ローソク足パターン

　多くのトレーダーが、複雑なチャートパターンを見つけてトレードをしたがる。そして、ローソク足パターンには、想像力に富んだ名前が付いたものが何百とある。グーグルで検索すれば、ヘッド・アンド・ショルダーズ、カップ・アンド・ハンドル、捨て子線、被せ線、下放れタスキ、トンボ、明けの明星、宵の明星、下げ三法、はらみ線、スティックサンドイッチ、黒三兵、赤三兵などいくらでも出てくる。これらのローソク足パターンは本当に実在し、名前と同じく興味深いものもあるが、個人的にはその多くが紛らわしいし、役に立たないと思っている。チャートパターンの多くはかなり主観的で、希望的観測と

図6.10　トップリバーサル戦略では流れ星が仕掛けのシグナル

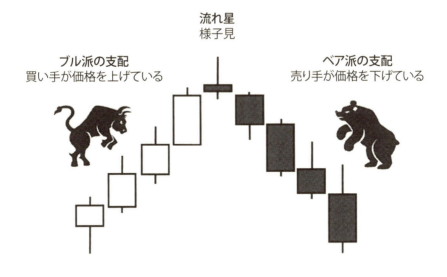

自己欺瞞につながりかねない。特に、最大の落とし穴は希望的観測だ。トレーダーは、売りたいとか買いたいという気分によって、強気のパターンや弱気のパターンを見つけたと思い込むことがある。もし買いたい気分になっていると、カップ・アンド・ハンドルパターンが見えたり、空売りしたい気分になっているとヘッド・アンド・ショルダーズパターンを「認識」したりしてしまうのだ。私は、これらのパターンは客観的ではないと思っているし、古くからある有名なパターン（例えば、カップ・アンド・ハンドルやヘッド・アンド・ショルダーズなど）でさえ懐疑的に見ている。そのため、本書でこれらのパターンについては書かない。ちなみに、第7章では、ABCDパターンという単純な形のデイトレードの戦略を紹介していく。

第7章 最も重要なデイトレード戦略

Most Important Day Trading Strategies

　本章では、3つの要素に基づいて、私の戦略のいくつかを紹介していく。それが、①プライスアクション、②テクニカル指標、③ローソク足のチャートパターン——で、これらは同時に覚えて練習することが重要である。なかにはテクニカル指標のみが必要な戦略（例えば、移動平均線やVWAPなど）もあるが、デイトレーダーとして成功するためには、プライスアクションとチャートパターンも理解しておくと役に立つ。これらの要素（特に、プライスアクション）は、練習なくしては理解できない。

　デイトレードは、対象の企業そのものやその収益性を気にしなくてもよい。デイトレーダーは、会社の内容や製品に関心はなく、プライスアクションとテクニカル指標とチャートパターンのみに注目している。私は実際の会社名よりもたくさんの株価コードを知っている。また、ファンダメンタルズ分析とテクニカル分析を組み合わせてトレードはしないで、テクニカル指標のみに集中している。私はデイトレーダーであって長期投資家ではないため、企業のファンダメンタルズ的な側面に関心はないのだ。デイトレーダーは素早くトレードし（ゲリラトレード）、最短では10～30秒で手仕舞ってしまう。

　マーケットには何百万人ものトレーダーがいるし、それ以上の数の戦略がある。トレーダーはそれぞれが独自の戦略とエッジを必要とし

111

ている。あなたもマーケットのなかで自分が楽にトレードできるところを見つけなければならない。私が紹介する戦略は、あくまで私にとってうまくいく戦略にすぎないのである。

　私は、これまでのトレード経験からデイトレードの最高のセットアップは、本章で紹介する９つの戦略だと思うに至った。これらは理論的には単純な戦略だが、使いこなせるようになるには難しいため、たくさん練習する必要がある。これらのトレード戦略はあまり頻繁にシグナルは出ないが、プロのようにマーケットが静かなときにも仕掛けることができる。

　もう１つ覚えておいてほしいのは、今日のマーケットは出来高の60％以上を高頻度のアルゴリズムトレードが占めているということである。つまり、あなたはコンピューターと競うことになる。もしコンピューターとチェスをすれば、いずれ負けることは分かっている。１回や２回はラッキーな勝ちがあっても、回数を重ねれば必ず負ける。同じことは、アルゴリズムトレードにも言える。コンピューターシステムと競っても勝つことはできない。これは大きな問題だ。そして、目の前の株価画面の変化の多くは、コンピューターが株を動かした結果なのである。その一方で、毎日、プロのトレーダーよりも小口トレーダーの出来高が多く、あなたや私がアルゴリズムトレードよりもマーケットを支配できる株がある。そこで、デイトレーダーは、毎日このような株に集中したほうがよい。これが第４章で紹介したインプレー銘柄で、その多くは決算発表によって上や下に窓を空けている。つまり、小口トレーダーが注目し、多くトレードしている株を探す必要がある。小口トレーダーは、このような株を力を合わせてトレードし、コンピューターを圧倒するのだ。ターミネーター６のように。

　チャートは、私自身は第６章で説明したローソク足チャートを使っている。ローソク足はその１つ１つの足が期間を表している。前にも書いたように、時間枠は自分の性格やトレードスタイルに合うもの——

時間足、5分足、1分足など——を選べばよい。私は、主に5分足チャートを使っているが、1分足チャートも合わせて見ている。

私のトレード理念は、少数の堅実なセットアップさえしっかりと会得すれば、安定的な利益につながるということで、このことはぜひ覚えておいてほしい。実際、単純なトレード手法を使えば、混乱とストレスを減らし、トレード心理の側面に集中できるため、それが勝敗を分けることになる。

トレード管理とポジションサイズ

2人のトレーダーが同じ戦略でトレードを仕掛けたとする。株価は狙いどおりに動き、その後、少し逆行した。1人のトレーダーは、含み益を減らすことを恐れ、利食って小さな利益を得た。もう1人のトレーダーは、押し目で増し玉をし、最後には大きな利益を手に入れた。同じアイデアでも、違う結果が出たのは、考え方とトレードの管理スタイルが違うからである。

私の戦略を説明する前に、私の仕掛けと手仕舞いとポジションサイズとトレード管理について理解してもらう必要がある。

デイトレードは仕事である。ほかの仕事と同じで、成功するためには製品やサービスだけでなく、優れた事業管理が不可欠だ。例えば、正しい人材を雇い、彼らを適切に監督し、在庫を正しく管理しなければ、最高の製品やサービスがあってもうまくはいかない。

これは、デイトレードについても言える。成功するためにトレード管理は欠かせないのだ。トレード管理は、インプレー銘柄を見つけて戦略を実行することではなく、仕掛けてから手仕舞うまでの間のポジションをどう扱うかということである。

トレード管理は、最初のトレード計画の質と同じくらい重要である。トレードを適切に管理すること、それこそが安定的に利益を上げてい

く成功トレーダーと失敗するトレーダーを分けることになる。

　新人トレーダーは、トレードを仕掛けたら、あとは目標値か損切り
に達するまで待っていればよいと思っている。しかし、プロのトレー
ダーは、まったく違う。彼らはそれでは十分ではないことを知ってい
るからだ。トレードを計画して仕掛けた時点では、マーケットやその
アイデアの有効性について最低限の情報しか分かっていない。しかし、
仕掛けたあとにマーケットが動くと、新たなプライスアクションと最
初のトレード計画に関するデータが手に入る。プライスアクションは、
そのポジションを持っている理由をあと押しするときもあれば、あと
押ししないときもある。だからこそ、今持っているポジションを管理
する必要があるのだ。

　例えば、強力な支持線を下抜くことを期待して空売りしているとき
は、最初は100株で仕掛けてみる。モメンタムスキャルピングのトレー
ダーは通常、下抜いた時点でスキャルピングを始め、彼らが利食うと
株価はたいてい支持線まで戻すため、ここが抵抗線として試される。そ
して、もし上にブレイクしなければ、空売りのポジションを増すこと
ができる。しかし、もしこの水準が抵抗線にならずに上にブレイクす
ると、損切りに達するが100株しか仕掛けていないので、少額の損失で
すむ。トレード管理とは、トレード中に積極的に情報を処理して、手
を打っていくことなのである。トレードをただ眺めていたり、勝って
終わることを期待してパソコンの前を離れたりしてはならないのだ。ス
キャルピングとスキャルパーについては、ブルフラッグモメンタム戦
略のあとで詳しく説明する。

　残念ながら、トレード管理は安定的に利益を上げられるトレーダー
になるための学びにおいて最も重要な要素なのに、新人に教えるのが
最も難しいものの１つでもある。特に本で教えるのは難しい。トレー
ドを管理するためには、経験とリアルタイムの意思決定が必要になる。
だからこそ、チャットルームに参加し、何週間かは経験豊富なトレー

ダーのトレードの仕方や、彼らがトレードを管理しているときの思考過程を実際に見ることを強く勧めている。私も、私たちのチャットルームのトレーダーのために毎朝トレードを公開している。

私が運営しているベア・ブル・トレーダース（https://www.bearbulltraders.com/）のチャットルームで、いつも興味深く思うことがある。2人のエリートトレーダーが同じ銘柄を1人は買い持ち、もう1人は空売りすることがある。そして、その日の終わりには、たいてい2人とも利益を上げている。これを見ると、トレード管理の経験と適切なポジションサイズのほうが、銘柄選びやトレードの方向よりも重要だということがよく分かる。私たちのチャットルームでは、私の友人でトレーダーのブライアンと私が反対方向にトレードを仕掛け、1日の終わりには2人とも利益を上げているということがよくある。もちろん、私も彼も自分のほうが良いトレーダーだと思っている。

ポジションサイズは、1トレード当たりの株数をどれくらいにするかということである。トレードによっては、迷わず大きなポジションをとる場合もある（「舟に荷を積め」という状態）。このようなセットアップは、「すぐに仕掛けろ」と叫んでいる。トレードチャンスのなかには、「大きい」サイズで仕掛けるべき魅力が十分なものもある。しかし、それ以外のトレードは、とりあえず「試し玉」をして、良ければあとで増し玉すればよい。新人トレーダーは、最大のサイズにすべきときを見極めるスキルを身に付ける必要がある。ポジションサイズがうまくいかないと、安定的な結果を得ることができない。ただし、第3章の2％ルールも忘れてはならない。どれほど素晴らしいチャンスでも、1トレードでのリスクがトレード資金の2％を超えてはならないということだ。明日もトレードできることが一番大事なのである。

新人トレーダーは、大きい利益を上げるためには大きいサイズでトレードする必要があると思っている。私もリスク・リワードが有利なときは大きいポジションをとることもあるが、それはリスクを管理し

115

なければならないことを分かったうえで行っている。控えめなサイズ
でも、十分利益は上げられるし、活発にトレードされているインプレ
ー銘柄ならばなおさらだ。サイズは小さくても、活発な銘柄を何度も
トレードすることで、かなりの利益が上げられる。同様に、大きいサ
イズで活発な銘柄を何回もトレードすれば、大きな損失を被る可能性
もある。例えば、浮動株が少ない銘柄は、数秒で10％とか20％動くこ
とがあるため、株価が安くて（たいていは1〜10ドル）、それを買うだ
けの十分な資金があっても、私はけっして大きいポジションはとらな
い。

　私のトレードサイズは、株価と私の資金量とリスク管理ルール（第
3章）によって決まるが、通常、株価が10〜50ドルの銘柄ならば800株
にすることが多い。ただし、次のような手順を踏む。

1．まず400株買う。
2．株価が順行すれば、あと400株の増し玉をする（増し玉をするのは
　　勝っているときで、負けているときではない）。
3．最初の目標値で400株を売って、逆指値の損切りをトントンのとこ
　　ろ（仕掛けポイント）まで動かす。
4．次の目標値で200株売る。
5．残った200株は逆指値に引っかかるまでそのまま持ち続ける。私は、
　　価格が順行し続ける場合に備えて、いつも一部のポジションを残
　　しておくことにしている。

　株価がもっと高い場合（50〜100ドル）、私はトレードサイズを400株
に減らす。そして、100ドルを超える株をトレードすることはめったに
ない。株価が高い株は、小口トレーダーにとっての魅力が下がるし、た
いていはコンピューターやプロのトレーダーが支配している。
　前述のとおり、経験豊富なトレーダーは一気に仕掛けずに、何回か

に分けてトレードサイズを増やしていく。最初に仕掛けるサイズは比較的小さいかもしれないが、プライスアクションによってアイデアの有効性が確認されれば、増し玉をしていくのだ。例えば、100株から始めて、何回かに分けて増し玉していく。1000株のトレードならば、500株＋500株、100株＋200株＋700株といった具合である。これが正しくできれば、リスク管理とトレード管理は非常にうまくいく。ただ、このようなポジション管理の方法は極めて難しいし、手数料が安い証券会社が欠かせない。新人トレーダーがこれを試みても、結局、トレードのやりすぎになってしまい、手数料やスリッページや負けトレードのナンピン買いで資金を失うことになりかねないのである。

　私が負けトレードでトレードサイズを減らすことはほとんどない。勝っているときに増し玉していくだけだ。ただし、サイズを増やしていくことは両刃の剣であり、初心者は負けトレードで増し玉をするという間違った行動によって損失を拡大させていくということを覚えておいてほしい。私は、初心者には増し玉を勧めない。段階的に増し玉をすることと、負けトレードでナンピンをすることは一見似ているが、まったく違う行為だ。負けているポジションにナンピンをすることはおそらく初心者に最も多い間違いで、トレード人生をあっという間に終わらせるのはほぼ間違いない。

　ところで、負けトレードにナンピンとはどういうことだろうか。

　仮に、ある会社の株を重要な日中の支持線の上の10ドルで1000株買い、その一段上の12ドル近辺で売るつもりだとする。ところが、株は支持線を割り込んで8ドルに下げてしまった。つまり、損切りで手仕舞うべき負けトレードである。もともとのアイデアは支持線の上で買って保有することだったが、その支持線を割り込んだ今、そのトレードを続ける理由はない。しかし、もし8ドルでさらに1000株買えば、平均9ドルで2000株買ったことになる。現状では、株価が目標値の12ドルに達する可能性は低いが、9ドルまでは上昇しそうだ。9ドルにな

117

れば、2000株すべてを売ってトントンになるため、負けトレードで損失を出さなくてすむ。しかも、もし9.50ドルまで戻せば、1000ドルの利益が出る。これはなかなか魅力的な考えだが、実はこれは希望的観測にすぎない。

初心者にとって、負けトレードでのナンピンはトレード口座を破滅させる近道なのである。このようなナンピンはデイトレードでは機能しないということを覚えておいてほしい。私も試したことがある。負けトレードでナンピンすると、全体の85％のケースで利益が出るが、うまくいかなかった15％のケースでトレード口座を失うほどの損失を被ることになる。この15％のケースの損失が、85％の利益をはるかに上回るからだ。つまり、これは精神力の無駄遣いでしかない。たった1回のトレードが、トレード口座を破綻させ、デイトレーダーとしての道を永遠に閉ざしてしまうということを忘れないでほしい。

2015年に、私はバイオテック株の上昇トレンドに乗ってかなりの利益を上げた。しかし、この年の10月になると、このセクターは大きく売られ始めた。下落が始まり、それが大きなベア相場になるかどうかはチャートを見て初めて分かる。そして、悲しいことに、チャートは暴落が終わって手遅れになるまで見ることができない。私はこのときの急落を、いつもの押し目だと思っていた。このとき、ETF（上場投信）のディレクシオン・デイリーS&Pバイオテック・ブル3倍（LABU）も下げ始め、価格は148ドルが最終的には60ドルを割り込んだ。私は148ドルまで上昇することを期待して、120ドルに下げたところで100口買った。しかし、価格は上昇しないで100ドルを割ってしまった。そこで、私はさらに100口買った。これで買値の平均は110ドルになった。しかし、価格が80ドルに急落したため、私は200口を買い増し、買値の平均は90ドルになった。そのあとさらに60ドルで400口買った（この時点で資金がほぼ尽きた）。私は平均70ドルで800口というディレクシオン・デイリーS&Pバイオテック・ブル3倍の大きなポジションを抱えてい

た。しかし、価格はさらに58ドルまで下げた。すべてを買い持ちしていた私は大変な間違いを犯してしまっていた。証券会社から追証を請求されたが、資金が残っていなかったため、支払うことができなかった。証券会社は私のトレード口座を凍結し、私のポジションを売却した。これは私のトレード人生において最も破壊的な損失となった。ちなみに、その2日後、ディレクシオン・デイリーS&Pバイオテック・ブル3倍は反発して100ドルを超えた。

当時の私は、もっとトレード資金があれば……と思った。

もしこのときの大損失の理由が資金量の少なさにあり、トレードのしすぎと不適切なリスク管理にはないと思うならば、もう1つの実例を紹介しよう。あるカナダ人トレーダーが、天然ガス先物でギャンブルして失敗したケースだ。グーグルでブライアン・ハンター（Brian Hunter）を検索すれば、詳しく載っている。

ブライアン・ハンターは、アマランス・アドバイザーズで素晴らしい実績を上げていたスーパースタートレーダーだった。アマランスは巨大ヘッジファンドで、2006年には100億ドル以上の資産を運用していた。32歳のハンターは、カナダのアルバータ州カルガリー出身で、2006年の初めごろは20億ドルを天然ガスで運用していた。2006年11月、天然ガスは15ドルから4ドル以下へと暴落した。普通ならば、冬に備えて上昇が期待される時期のことだ。豊富な資金を背景に、ハンターはマーケットを無視して、高リスク、高ボラティリティの天然ガスをナンピンし続けた。アマランスが使っていた証券会社のJPモルガンは、このポジションを維持するための追証を何度も請求したが、ついにそれが果たされなくなると、ポジションの清算を迫った。結局、アマランスは66億ドルの損失を計上したため、運用資産は100億ドルから34億ドルに激減してファンドは解散した。

それから2～3週間後、天然ガスの価格は反転して高値を回復した。これも「もしもっと資金があれば……」というケースだが、これで分

かるのは、その資金は100億ドルでも足りないということだ。

　10億ドルよりもはるかに少ない資金を家でトレードしている人は、このようなドローダウンに耐えられるわけがない。ハンターは、価格が下がるのではなく、上がると信じていたが、そのときの彼は間違っていた。ハンターのようなトレーダーが時にお金に関する判断にかたくなに固執する理由は分からないが、トレーダーのなかには「マーケットの不合理は、あなたの資金が持ちこたえるよりも長く続く」ということをときどき忘れてしまう人がいる。プライドを守るために冷静さを失ってはならない。間違った判断を下したら、損切りして早く抜け出すのだ。予想や投機をする人もいるが、私たちのようなトレーダーにとっては株のプライスアクションが最も重要な指標となる。もしあなたがあるトレードに関してだれの反論も許さないような意見を持っているとしても、プライスアクションでそれを確認できなければ、トレードをしないことだ。ただ、それだけだ。トレーダーの仕事を長く続けたいならば、プライスアクションで確認できない予想に基づいたトレードはしてはならない。トレーダーの仕事は予想したり予期したりすることではなく、トレンドを見つけてそれにうまく乗ることなのである。

　ここまで書いてきたデイトレードに関する警告を踏まえて、デイトレードの重要な戦略をいくつか紹介していこう。

戦略1──ABCDパターン

　ABCDパターンは、最も基本的で簡単なトレードパターンの1つで、初級から中級のトレーダーにとても適している。この戦略は非常に単純で、長年使われてきたものだが、今でも多くのトレーダーが使っているため、その効果は衰えていない。前にも書いたことだが、これには自己達成的な予言効果がある。トレンドはフレンド（友だち）なの

で、みんなと同じことをすべきだし、もしかしたらマーケットで唯一の友だちかもしれない。

このパターンを**図7.1**を使って説明していこう。

ABCDパターンは、力強い上昇から始まる。Aから積極的な買いが始まり、この日の高値が連続して更新されていく（B）。トレードを仕掛けたいが、Bの時点ではかなり上げて高値になっている。そのうえ、どこを損切りポイントにすべきかも分からない。このように、損切りポイントが分からないときはトレードを仕掛けてはならない。

Bに達すると、それ以前に買っていた人たちが少しずつ利食い始め、株価が下げ始める。しかし、この時点ではどこまで下がるか分からないため、まだ仕掛けてはならない。しかし、株価がある水準以上は下げないことが分かれば（例えば、C）、そこが支持線かもしれない。こうなれば、トレードを計画し、損切りと利食いのポイントを設定することができる。

図7.1は、2016年7月22日のオーシャン・パワー・テクノロジーズ（OPTT）のチャートで、この日、オーシャン・パワー・テクノロジーズは5000万ドルの新造船建造契約の締結を発表した（第2章で書いたファンダメンタルズ的なきっかけかもしれない）。

オーシャン・パワー・テクノロジーズの株価は9時40分ごろ7.70ドル（A）から9.40ドル（B）に急騰した。私を含め、最初の大きな上げを逃した多くのトレーダーは、Bとそのあと株価が一定（C）以上下がらないことを確認するまで待った。私は、Cが支持線となって、買い手は8.10ドル（C）を割らせないつもりだということを確認してからCの近くで1000株買い、損切りをCのすぐ下に置いた。もし価格が上昇してBに近づけば、大勢の買い手が飛びつくことは分かっている。前述のとおり、ABCDパターンは昔からある戦略で、たくさんの小口トレーダーが注目しているからだ。そして案の定、Dに近づくと出来高が急増した。これは、さらに多くのトレーダーが買いに入ったこと

図7.1 ABCDパターンの例

を示している。

　私の利益目標は、株価が５分足チャートで安値を更新したところとした。これは弱さのサインと言える。**図7.1**から分かるように、オーシャン・パワー・テクノロジーズは12ドルくらいまでは順調に上げていたが、11.60ドル当たりで５分足で安値を更新してから弱含んだ。そこで、私はこのポジションをすべて手仕舞った。

　もう１つ例を挙げよう。**図7.2**は2016年８月29日のSPUのチャートだ。実はここには２つのABCDパターンがあるため、２つ目はabcdと小文字で表記してある。通常、トレード時間の経過とともに出来高は

図7.2　ABCDパターンの例──ABCDとabcd

減っていくため、2つ目はパターンも小さめになることが多い。また、ABCDパターンは、いつもBとDの出来高が多くなるということも覚えておいてほしい（このケースではbとdも）。

　ABCDパターンのトレード戦略をまとめておく。

1. スキャナーやチャットルームの仲間からの情報で、株価があるポイント（A）から急騰してその日の高値（B）を付けたことを知ったら、Aよりも上で支持線（C）を形成するかどうか様子を見る。しかし、そこですぐに仕掛けるわけではない。

2．揉み合い（この言葉は次の戦略で説明する）の間は観察を続ける。この間に、トレードする株数と損切りポイントと手仕舞い方を決める。

3．株価がCの支持線を下回らなければ、Cの近くで仕掛け、Dかそれ以上に上がることを期待する。

4．損切りはCの下に置く。もし株価がCを下抜けば、売って損失を受け入れる。そのため、なるべくCの近くで買って損失を小さく抑えることが大事になる。なかにはABCDパターンの完成を確認するためDまで待ってから買う人もいる。しかし、私はそれをするとリワードが減り、リスクが増えると思っている。

5．もし価格が上昇すれば、私はDでポジションの半分を売り、損切りを仕掛けポイントまで動かして、残りのポジションが最悪でもトントンになるようにする。

6．残りのポジションは、目標値に達するか、上昇の勢いが衰えたと感じるか、売り手が価格を支配し始めたと思ったら手仕舞う。株価が5分足チャートで安値を更新するのは、買い手が力尽きた目安となる。

戦略２——ブルフラッグモメンタム

デイトレードにおいて、ブルフラッグモメンタム戦略は株価が10ドル未満の浮動株が少ない株でとても効果的に機能する（第4章参照）。ただ、この戦略はリスク管理が難しいのと、高速のプラットフォームが必要になる。

図7.3のパターンは竿に付いた旗に似ているため、ブルフラッグと呼ばれている。ブルフラッグは、何本かの長大なローソク足で上昇し（竿の部分）、そのあと短小なローソク足の横ばいが続く（旗の部分）。この横ばいの部分をデイトレードでは「揉み合い」と言う。揉み合い

図7.3 ブルフラッグが形成された例（揉み合いは1回）

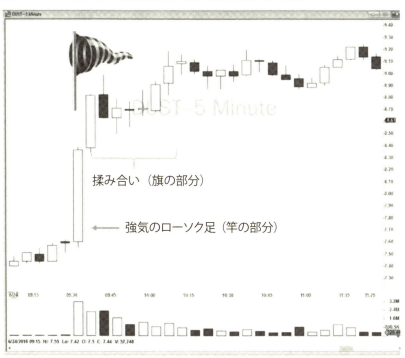

は、安く買ったトレーダーが利食っていることを示している。ただ、それでも株価が急に下がらないのは、まだ買っている人もいるからで、売り手の支配には至っていない。ブルフラッグが始まる前に買い損ねた多くのトレーダーが、ここで買うチャンスをうかがっている。これは「株価を追いかける」と言われる行為だが、賢いトレーダーは、株価が大きく上昇したあとで買うのはリスクが高いことを知っている。プロのトレーダーは、マーケットが静かなときに仕掛けて、激しく動いたときに利食う。もちろん、素人はその逆で、株価が動き始めると仕掛けるが、株価の動きが静まると、退屈して関心を失う。

　初心者が株価を追いかけると、トレード資金を失うことになる。必

図7.4　ブルフラッグが形成された例（揉み合いは２回）

ず株価が上がり切ってから揉み合いになるのを待ち、それを上抜けたらすぐに買う。ここは忍耐が肝心なのである。

　通常、ブルフラッグには数回揉み合いがある。私は、１回目か２回目の揉み合いの間でのみ仕掛けることにしている。３回目以降は、状態が長引いて買い手が支配力を失いつつあるため、リスクが高いので手は出さない。別の例を、2016年８月30日のリゲル・ファーマシューティカルズ（RIGL）のチャートで見ていこう（図7.4）。

　図7.4には２つのブルフラッグパターンがある。通常、１つ目のブルフラッグを見つけるのは難しいため、仕掛けられないことが多いが、スキャナーの警告によって２つ目には準備を整えておくことができる。

図7.5　日中のブルフラッグ戦略のスキャナー画面の例

Time	Symbol	Price ($)	Vol Today	Rel Vol	Flt (Shr)	Vol 5 Min	Strategy Name
12:45:00 PM	CELP	8.68	53,491	2.70	4.26M	4,059	Strong Low-Float Bull Flag Momentum
12:38:51 PM	RESN	5.66	88,841	3.78	5.63M	2,168	Strong Low-Float Bull Flag Momentum
12:36:15 PM	RIGL	3.94	42.49M	120.83	89.1M	4,111	Medium-Float Bull Flag Momentum
12:34:59 PM	ITEK	7.16	659,979	7.18	13.2M	19.3K	Medium-Float Bull Flag Momentum
12:31:52 PM	RIGL	3.91	41.87M	120.97	89.1M	3,994	Medium-Float Bull Flag Momentum
12:29:30 PM	KPTI	9.42	1.47M	22.72	3.93M	1,450	Low-Float Bull Flag Momentum
12:29:30 PM	KPTI	9.39	1.47M	22.72	3.93M	1,445	Low-Float Bull Flag Momentum
12:12:37 PM	AMID	12.08	2.62M	28.09	20.7M	55.5K	+$10 Strong Bull Flag Momentum
11:57:44 AM	LNTH	9.96	604,695	4.84	11.3M	543.7	Medium-Float Bull Flag Momentum
11:56:42 AM	LNTH	9.95	599,426	4.83	11.3M	569.0	Medium-Float Bull Flag Momentum
11:51:04 AM	BIOL	1.81	224,633	6.43	32.4M	2,353	Medium-Float Bull Flag Momentum

History: Intraday Bull Flag Momentum Scalping Strategy

図7.5は、このチャートの期間の私のスキャナーの画面である。

図7.5から分かるとおり、12時36分15秒に私のスキャナーにRIGLが表示された。私はこれを見てすぐ出来高が相対的に非常に多いことを確認した（通常の出来高の120倍）。こうなると、デイトレードの完璧なセットアップだ。そこで、１回目の揉み合いが終わるのを待ち、株価がその日の高値に向かい始めたときに素早く仕掛けた。損切りは揉み合いのすぐ下に置いた。図7.6に私の仕掛けと手仕舞いのポイントを記してある。

ブルフラッグパターンは、どんな短い時間枠のチャート（１分足、２分足、５分足など）にも見られる。次は図7.7を見てほしい。これは2016年６月１日のオーシャン・パワー・テクノロジーズ（OPTT）の２分足チャートで、寄り付きから強力なブルフラッグを形成し、そのあと揉み合いの期間が続いた。１回目の揉み合いが終わると、新たな小さなブルフラッグが形成された。揉み合いのあとで出来高が大幅に増えていることは、買いを仕掛けるための確認になっている。

127

図7.6　RIGLのブルフラッグ戦略の仕掛けと損切りと手仕舞いのポイント

　ここでは、寄り付きのブルフラッグのあとにさらに２つの揉み合いがある。また、**図7.7**の下の部分を見ると、２回目の揉み合いのあと、出来高が増えており、再度買いを仕掛ける確認になっている。私は１つの銘柄でブルフラッグで仕掛けるのは２回までとしている。このチャートを見ると分かるように、３回目のブルフラッグ（７ドル近辺）のあとは、売りが増えている。ちなみに、このときオーシャン・パワー・テクノロジーズは35分間で1.50ドルから７ドルに上昇した。10ドル未満の浮動株が少ない銘柄では、このような動きが期待できるのである。
　このトレード戦略の手順をまとめておこう。

第7章 最も重要なデイトレード戦略

図7.7 OPTTが3つの揉み合いを形成している画面。揉み合いが終わるたびに出来高が増加していることに注目

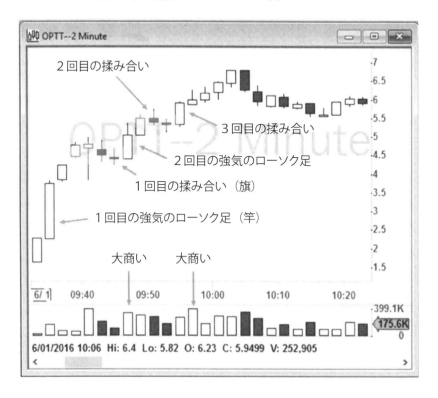

1．株価が急騰しているのに気づいたら（スキャナーで見たかチャットルームの仲間に聞いたかして）、揉み合いの間は辛抱強く待つ。ここですぐにトレードしない（株価を追いかけるのは危険）。
2．揉み合いを観察しながら、トレードの株数と損切りと手仕舞い方を決める。
3．揉み合いを上抜けたらすぐに仕掛ける。損切りは揉み合いの安値のすぐ下に置く。
4．上昇し始めたらポジションの半分を利食い、損切りを揉み合いの

安値から仕掛けポイントに動かしてトントンにする。
5．残りのポジションは目標値に達するか、上昇の勢いが衰えたと感じるか、売り手が価格を支配し始めたと思ったら売る。

　ブルフラッグは、基本的にABCDパターンと同じだが、浮動株が少ない銘柄で形成されることが多い。しかし、株価が10ドル未満の銘柄でのブルフラッグ戦略では、ブレイクアウトするかその近くでしか買わない人が多い（浮動株が中程度の株のABCDパターンとは逆）。これは、浮動株が少ない銘柄は値動きが速く、下落するのも非常に速いからである。そのため、ブルフラッグは、モメンタム戦略やスキャルピング戦略にかなり近いということもできる。スキャルパーは株価が動いているときに買い、揉み合いで買うことはほとんどない（そのときは待ったり保有したりしている）。この種の株は急に容赦なく下落することが多いため、揉み合いのブレイクアウトを確認してからのみ仕掛けることが重要だ。揉み合いを上抜けるまで待つことは、浮動株が少ない銘柄で、リスクとイクスポージャーの時間を減らすことにつながる。買って保有して待つとイクスポージャーを抱える時間が増えるため、スキャルパーはブレイクアウトを待ってから買い注文を出す。仕掛けて、素早く稼いですぐに手仕舞う、というのがモメンタムスキャルパーの考え方なのである。

●ブレイクアウトで仕掛ける
●利食う
●マーケットから離れる

　ブルフラッグパターンは、上昇トレンドのなかで形成される。これは、買い戦略なので、空売りはしない。私自身はモメンタムトレードはあまりしない。これはリスクの高い戦略で、初心者はかなりの注意

第7章 最も重要なデイトレード戦略

が必要だ。それでもトレードするならば、シミュレーターで十分練習を積んだうえで、小さいサイズでトレードしてほしい。また、スキャルピングをするためには、超高速のプラットフォームが必要になる。

戦略３と戦略４──リバーサルトレード

トップリバーサルとボトムリバーサルは、仕掛けと手仕舞いのポイントが明確なので、デイトレーダーが好んで使っている。この項では、スキャナーを使ったリバーサル戦略のセットアップの見つけ方と、同時線（様子見の足）を使った仕掛け方と、損切りや目標値の置き方と、勝ちトレードの伸ばし方を説明する。

私のチャットルームに参加すると、私が「上がったものは必ず下がる」と言うのを何回も耳にすることになる。株価が行きすぎになったトレードを追いかけてはならない。このことは逆も言える。「下がったものは必ず上がる」ということだ。株が大きく下落する理由は２つある。

1. プロのトレーダーやヘッジファンドが巨大なポジションを市場で売り始めると、株価が暴落する。
2. 何かファンダメンタルズ的に悪いニュースがあって、トレーダーが空売りを始めたが、彼らは遅かれ早かれ買い戻さなければならない。デイトレーダーは、それを待って買う。空売りの買い戻しが始まると、株価は急に反転する。この「玉締め」と呼ばれている上昇の波に乗りたい。

この戦略は、注目すべき点がはっきりと分かるように、いくつかの例を使って説明していく。**図7.8**は、寄り付き直後に激しく売られた株の例だが、このようなときに空売りをするのは非常に難しい。見つ

131

図7.8 イマージェント・バイオソリューションズ（EBS）のリバーサル戦略の例

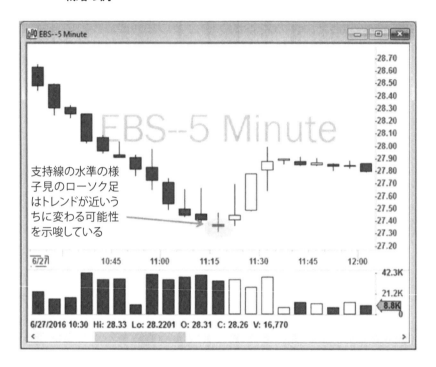

けたときには、すでに空売りを仕掛けるには遅すぎるからだ。しかし、ここであの合言葉を思い出してほしい。「下がったものは必ず上がる」。つまり、反転の機会を待つのである。

リバーサル戦略には４つの重要な要素がある。

1. ５分足チャートで少なくとも５本の足が連続して上昇する、または下落する。
2. ５分足チャートでRSI（相対力指数）が極端な値を示している。RSIが90を超えていたり、10未満だったりすると、私は興味を持つ。RSIは、著名なテクニカルアナリストのウエルズ・ワイルダー・

ジュニアが開発した指標で、最近の上昇と下落の大きさを一定期間のそれと比較して、価格のスピードと変化を0〜100で示している。リバーサル戦略ではRSIの値を使って買われ過ぎや売られ過ぎの状態を判断し、買いシグナルや売りシグナルを探す。例えば、RSIが90を超えていれば買われ過ぎ、10未満ならば売られ過ぎだと分かる。RSIについてさらに詳しく知りたければ、グーグルで検索するか、チャットルームで私に聞いてほしい。ほとんどのプラットフォームやスキャナーのソフトウェアには、RSIを自動的に計算する機能が付いている。

この2つの要素は、株価がかなり行きすぎていることを示すものなので、スキャナーのデータポイントを注視しておく必要がある。私は、異変にすぐに気づけるように、RSIが20未満か80を越えたらハイライトするようスキャナーを設定している。この戦略では、RSIの水準と、一定数以上の連続したローソク足の両方に気を付けておく必要がある。

3．株価が重要な日中の支持線か抵抗線の近辺にある。支持線や抵抗線の探し方は、支持線・抵抗線戦略の項で書く。私は、株価が重要な支持線（ボトムリバーサル戦略）か重要な抵抗線（トップリバーサル戦略）の近くにあるときのみこの戦略を使っている。
4．トレンドが終わりに近づくと、コマや同時線のような様子見の足が形成される。そうなったら、準備を整えておく必要がある。

リバーサル戦略では、第6章で紹介した様子見の足を探す。様子見の足は、トレンドが近く反転する可能性を示唆している。同時線は、ヒゲが実体よりも長いローソク足である。**図7.9**では弱気の同時線が形成されている。この足は、上ヒゲが長いタイプで、流れ星やトンカチなどとも呼ばれている。ローソク足は、4つの情報（始値、終値、そ

図7.9　トップリバーサル戦略──流れ星は仕掛けのサイン

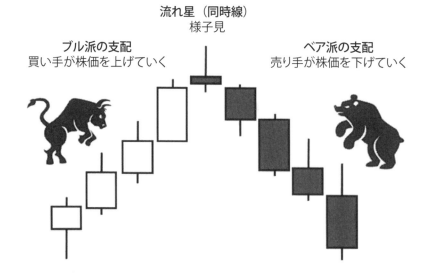

　の期間の高値と安値）を示している。そして、今回の上ヒゲが長い足は、その足の期間に株価が上昇したが、高値を維持できずに売られたということを教えてくれる。つまり、この足は買い手と売り手の攻防のなかで買い手が上げきれなかったため、近いうちに売り手が株価を支配して下げていく兆候でもあるということだ。

　強気の同時線についても同じことが言える。図7.10には強気の同時線もある。下ヒゲが長い足で、カラカサ、首吊り線などとも呼ばれている。今回の下ヒゲの長い足は、その足の期間に株価が下落したが、安値を維持できずに買われたということを教えてくれる。つまり、この足は買い手と売り手の攻防のなかで売り手が下げきれなかったため、近いうちに買い手が株価を支配して上げていく兆候でもあるということだ。

　リバーサル戦略では、同時線や様子見の足を探す。これはトレンドが変わる可能性を示唆しているからだ。この戦略では、反転が始まる

図7.10 ボトムリバーサル戦略──カラカサが仕掛けのサイン

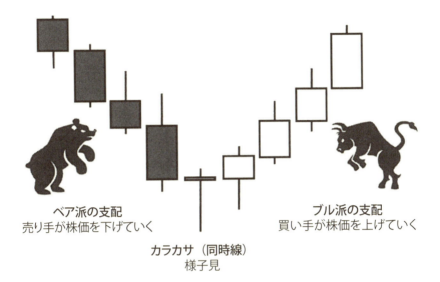

ベア派の支配
売り手が株価を下げていく

ブル派の支配
買い手が株価を上げていく

カラカサ（同時線）
様子見

という明確な確認を探す。絶対に避けたいのは早すぎるリバーサルの仕掛けで、これは「落ちていくナイフをつかむ」とも言われている。そんなことは、実際の世界でも、トレードの世界でも良いこととは言い難い。株がひどく下げているとき（落ちていくナイフ）、反転するはずだという想定で買うべきではない。株価が下げているときは、反転の確認を待つ。仕掛けるかどうかは、たいてい、①同時線や様子見の足が形成される、②1分足か5分足が日中の支持線の近くで高値を更新する──ことで確認でき、そこが仕掛けポイントになる。そして、損切りをその前の足の安値か、その支持線の下に置く。

リバーサルトレードでは、RSIが極端な値（90を超えるか10未満）であるのが望ましい。そうなったら、日足の強力な支持線の近く（ボトムリバーサル）か、抵抗線の近く（トップリバーサル）で仕掛けポイントを探す。前述のとおり、私が仕掛けるのは1分足か5分足が最初に高値を更新するか（ボトムリバーサル）、安値を更新するか（トッ

プリバーサル）して、株価が日足の重要な支持線か抵抗線の近くにあるときに限られる。

　ボトムリバーサルでは、一連の足が連続して安値を更新しているときに、重要な支持線の近くで高値を更新した足が非常に重要で、ここが私の仕掛けポイントになる。このときの足は１分足チャートを使うこともあるが、通常はより良い確認となる５分足チャートで見ている。５分足チャートのほうが明確なのである。私は日足の支持線の近くで５分足チャートが高値を更新したら仕掛け、損切りをその日の安値に置くことにしている。

　この戦略で仕掛けた場合、手仕舞いの目安は非常に単純だ。私は、株価が移動平均線（９EMAか20EMAかVWAP）に達するか、別の日足の水準に達したら利食っている。

　ボトムリバーサル戦略では、株価が急に上昇したあと急に下げると損切りに引っかかることになる。また、もし上昇を期待して買ったあとに横ばいになれば、それは揉み合ったあとに下げるサインで、そのまま下げが続くことを示唆しているのかもしれない。もし買ったあと２〜３分たっても株価が上がらなければ、そのあとどうなろうと私は手仕舞う。これは結果的に間違いかもしれないが、トレード資金をどうなるか分からない状況にさらしておきたくはないのだ。私は正しいセットアップで仕掛け、まだ状況が整っていないならば撤退するし、利益ゾーンに入ったら損切りを動かしていく。損切りは、最初はトントンのところに動かし、次に直近の５分足の安値に動かす。そのあとは株価の上昇に合わせて手仕舞いの逆指値も上げていく。

　リバーサル戦略の主な課題の１つは、株の動きを観察すると同時にリバーサルのチャンスを提供してくれそうな日足の支持線や抵抗線の水準を探っていくことにある。この作業は、焦って衝動的にトレードするのを防いでくれる。時間をかけて状況が整うのを待ち、反転が起こるのを待ってほしい。

図7.11　EBSのボトムリバーサル戦略

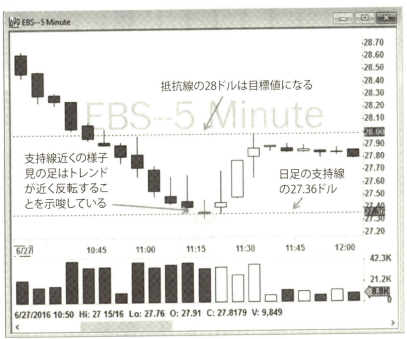

ボトムリバーサル

　図7.11は、私の銘柄スキャナーが見つけたイマージェント・バイオソリューションズ（EBS）のチャートで、完璧なボトムリバーサルパターンが表れている。下降トレンドの底に様子見のローソク足が出現し、反転の可能性を示し、その直後に大きく上昇した。私は様子見の同時線が出現した直後に仕掛け、この足の安値に損切りを置いた。イマージェント・バイオソリューションズが私のスキャナーに出てきたとき、私はすぐに日足チャートに切り替え、重要な支持線が27.36ドル、抵抗線が28ドルだと判断した。支持線と抵抗線の見極め方は、後述す

図7.12　ALRのボトムリバーサル戦略

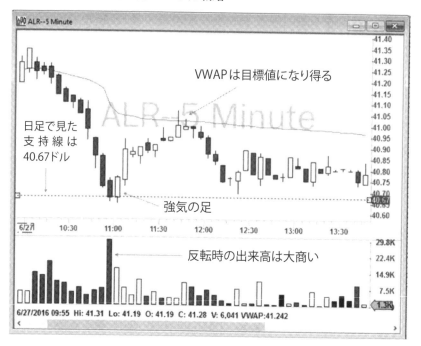

る。

　リバーサル戦略の最大のメリットは、株価が大きく動くときを予想する難しさを克服できることにある。株価が急落し始めても、利益になるタイミングで空売りをするのは難しいが、反転するタイミングならば備えることができる。

　別のボトムリバーサル戦略の例も見てみよう（図7.12）。

　私は、2016年6月27日の10時57分に、トレード・アイデアのリアルタイムのボトムリバーサルのスキャナーを使ってアリーア（ALR）を見つけた。そのときの画面が図7.13である。

　これを見ると、10時57分に、アリーアは陰線が続いており、浮動株が比較的少なく（8000万株）、出来高が相対的に多い1.21であることが

第7章 最も重要なデイトレード戦略

図7.13 トレードアイデアのリアルタイムのボトムリバーサルスキャナーの例。ALRで陰線の足が７本続いていることが分かる（左から３列目）

Symbol	Time	Conse Cndls	Price ($)	Flt (Shr)	Avg True	Vol 10 Min	Rel Vol
GWRE	10:57	-4	57.49	72.45M	1.50	48.7	2.35
PHG	10:57	-8	23.04	912.49M	0.66	163.9	3.18
BXP	10:57	-10	125.53	152.55M	1.91	82.6	1.68
ALR	10:57	-7	40.70	82.21M	0.77	142.9	1.21
BOFI	10:57	-7	15.51	57.57M	0.65	105.6	1.63
IMAX	10:57	-6	27.62	58.75M	0.90	77.6	1.02
DIS	10:57	-6	94.19	1.49B	1.41	141.8	1.45
COP	10:57	-10	41.29	1.24B	1.47	84.4	1.65
YELP	10:57	-5	26.57	54.92M	1.09	138.0	1.61
P	10:57	-4	11.25	188.46M	0.48	245.0	1.23
UHS	10:57	-11	129.57	87.99M	2.75	99.0	1.29
AYI	10:57	-8	234.47	43.02M	5.03	172.2	1.73
RNG	10:57	-6	19.04	56.45M	0.60	60.7	1.98
YNDX	10:57	-10	19.78	264.00M	0.81	496.1	2.02
CAB	10:57	-6	46.42	45.13M	0.99	112.5	1.46
ETN	10:57	-6	54.36	456.47M	1.33	485.9	5.74
FSIC	10:57	-5	8.55		0.17	89.7	0.83
EZPW	10:56	-5	6.77	45.20M	0.34	106.3	1.50
ZOES	10:56	-6	34.60	17.22M	1.18	733.1	2.85

分かる。実は、このケースはタイミングを逃して仕掛けられなかったが、ボトムリバーサル戦略の全体像を説明するための好例だと思う。このとき、アリーアの日足チャートを見ると、重要な支持線が40.67ドルだった。株価はこの水準で反転し、このときの出来高は通常よりも多

かった。ただ、このときの反転では様子見の足ができていないことに
注目してほしい。このときの反転を教えてくれたのは、**図7.12**にコメ
ントした長大な強気の足だった。反転は、非常に速くて様子見の足が
形成されないこともある。そのため、日足で見て重要な支持線や抵抗
線の近くでは、プライスアクションをしっかりと観察しておくことが
重要で、それを通常以上の出来高になっていることで確認する必要が
ある。

　リバーサルを探してトレードするときは、極端な状況でのみ仕掛け
てほしい。アリーアのケースは、株価が極端に下げてから反転した。し
かし、１日中ゆっくりと下げているような株は、リバーサル戦略には
適さないことが多い。そのようなときは、少しあとで説明する移動平
均線トレンド戦略の候補になるかもしれない。リバーサル戦略の場合
は、短い期間でかなり下げすぎ（買い）か、かなり上げすぎ（空売り）
で反転するときに出来高が多くなっている株を見つけたい。アリーア
のボトムリバーサルでも、**図7.13**のスキャナーを見ると出来高が増え
ている。このような銘柄を見つけたら、いくつかのカギとなる指標で、
株価が反転しかけていることを示唆しているかどうかを調べ、確認が
できたときに仕掛ける。何回も書いているとおり、「上がったものは必
ず下がる」。このような株は、ほんの何分かで何日分か何週間分か何年
分かの利益をもたらしてくれることがよくある。そのため、正しいタ
イミングを見極めることが極めて重要なのである。

　もう一度繰り返す。トップリバーサル戦略やボトムリバーサル戦略
で成功するには、日足で見て重要な支持線や抵抗線に極端に近いとこ
ろで仕掛けることがカギとなる。それでは、極端な状況をどう見極め
ればよいのだろうか。それにはいくつかの判断方法がある。

１．RSIが90を超えるか10を下回ると、私は興味を持つ。

２．出来高がかなり多くなる。通常、出来高はプライスアクションが

同じ方向で推移すると増えていき、反転するときが最高になる。

3. 最後に、同じ方向に5本以上の同じローソク足が続いて最後が様子見の足（同時線）になると、私は必ず注目する。これらの足は、売り手の支配が衰え、買い手の力が強くなっていることを表しており、トレンドの終わりを示唆しているからだ。アリーアの例で見たように（**図7.12**、**図7.13**）、反転は様子見の足がなくても起こることがある。そのようなケースでは、強い反転足（ボトムリバーサルならば長大陽線、トップリバーサルならば長大陰線）を探してほしい。

　ただし、1つ注意してほしいことがある。同じ方向の足が5～10本続くとき、途中でプライスアクションがあまりない足ができることがある。これはもしかしたらゆっくりとした下げで、リバーサルトレードとしてはスピードが足りないのかもしれない。トレードするときは、いくつかの指標がすべて合致していることを確認する必要がある。価格が上げすぎているというだけで、空売りを仕掛けてはならないのだ。大勢の判断は、もしあなたにとって理にかなっていなくても、抵抗してはならない。みんなと一緒にトレードする必要はないが、対抗してはならないのだ。

　異なる要素を合わせて使うことで、リバーサル戦略の損益レシオは改善し、私にとってうまくいっている。損益レシオは、平均利益と平均損失の比率だが、新人トレーダーは勝ちトレードを手仕舞うのが早すぎ、負けトレードを手仕舞うのは遅すぎることで、この比率を下げている人が非常に多い。しかし、リバーサル戦略ならば、新人トレーダーでもかなりの損益レシオが期待できる。

　ボトムリバーサル戦略の手順をまとめておく。

1. 弱気の足が4本以上続いて極端に下げた銘柄を表示するようにス

141

キャナーを設定しておく。そして、このような銘柄が表示されたら、すぐに出来高と、日足で見た支持線や抵抗線を調べて、リバーサルトレードの良い候補かどうかを判断する。

2. ボトムリバーサル戦略の確認を待つ――①強気の同時線か、様子見の足か、非常に強気の足、②株価が日足で見た重要な支持線のすぐ近くにある、③RSIが10未満。

3. 株価が1分足か5分足で高値を更新したら買う。

4. 損切りは、その前の陰線の安値か、その日の安値に置く。

5. 目標値は、次のいずれかにする――①すぐ上の抵抗線、②VWAP（出来高加重平均取引、詳細は後述）と9EMAと20EMAのなかで一番近いところ、③株価が5分足で安値を更新したところ（買い手が力尽きて売り手が再び支配し始めたことを意味している）。

トップリバーサル

前述のとおり、トップリバーサル戦略はボトムリバーサル戦略と似ているが、こちらは空売りを仕掛ける。今回はベッド・バス＆ビヨンド（BBBY）の例を見ていこう。2016年6月23日10時18分に、私のスキャナーは陽線が6本続いていたベッド・バス＆ビヨンドを映し出した（図7.14）。出来高も21.60と通常をはるかに超えていた（小口トレーダーは出来高が異常に多いものを探すということを思い出してほしい）。

私はこのトレードを執行してなかなかの利益を上げた。スキャナーにベッド・バス＆ビヨンドが表示されると、私はすぐに日足チャートで重要な抵抗線が44.40ドルにあることを確認した。そこで、この水準で空売りを仕掛けるチャンスを待つことにした。すると、その辺りで同時線ができたため、仕掛けた。私は、新しい5分足が出現した44.10ドルで800株を空売りし、損切りを直近の5分足の高値の上に置いた。

142

図7.14　リアルタイムのトップリバーサルスキャナーの例。BBBYで陽線の足が６本続いている（左から３列目）

Symbol	Time	Consec Cndis	Price ($)	Flt (Shr)	Avg True	Vol 15	Vol Today	Rel Vol
KEX	10:18	4	68.52	52.5M	1.66	94.1	58,955	1.11
KEX	10:18	4	68.51	52.5M	1.66	93.6	58,855	1.11
BBBY	10:18	6	44.60	149M	1.18	1.1K	5.28M	21.60
BBBY	10:18	6	44.58	149M	1.18	1.1K	5.28M	21.59
BBBY	10:18	6	44.57	149M	1.18	1.1K	5.28M	21.59
BBBY	10:18	6	44.56	149M	1.18	1.1K	5.28M	21.59
BBBY	10:18	6	44.55	149M	1.18	1.1K	5.27M	21.59
BBBY	10:18	6	44.55	149M	1.18	1.1K	5.27M	21.59
BBBY	10:18	6	44.53	149M	1.18	1.1K	5.27M	21.58
BBBY	10:18	6	44.51	149M	1.18	1.1K	5.27M	21.58
BBBY	10:18	6	44.50	149M	1.18	1.1K	5.27M	21.57
BBBY	10:18	6	44.49	149M	1.18	1.1K	5.27M	21.57
THC	10:17	5	29.04	79.8M	0.95	139	174K	1.37
KSS	10:17	4	37.77	182M	1.09	70.6	330K	0.45
INCY	10:17	5	80.22	174M	3.03	108	188K	1.29
INCY	10:17	5	80.22	174M	3.03	108	188K	1.29
KSS	10:17	4	37.75	182M	1.09	69.8	329K	0.45
SSYS	10:17	4	22.85	51.2M	1.01	172	158K	0.87
THC	10:17	5	29.03	79.8M	0.95	138	174K	1.38
THC	10:17	5	29.03	79.8M	0.95	138	174K	1.38
SSYS	10:17	4	22.84	51.2M	1.01	171	158K	0.87
BBBY	10:17	6	44.48	149M	1.18	1.1K	5.23M	21.67
KSS	10:17	4	37.74	182M	1.09	68.1	327K	0.44
KSS	10:17	4	37.72	182M	1.09	67.7	327K	0.44
BBBY	10:17	6	44.47	149M	1.18	1.1K	5.22M	21.66

このポイントは、**図7.15**から分かるとおりこの日の高値でもあった。このトレードは、VWAPに達した43.10ドル近辺で買い戻して、800ドルの利益を得た。

トップリバーサル戦略のトレードの手順をまとめておく。

1．スキャナーが、強気の足が４本以上続いて極端に上げた銘柄を表

図7.15　BBBYのトップリバーサル戦略

示するように設定しておく。そして、このような銘柄が表示されたら、すぐに出来高と日足で見た抵抗線を調べて、リバーサルトレードの良い候補かどうかを判断する。

2．トップリバーサル戦略の確認を待つ──①弱気の同時線か、様子見の足か、非常に弱気の足、②株価が日足で見た重要な抵抗線のすぐ近くにあり、出来高も多い、③RSIが90を超えている。

3．株価が1分足か5分足で安値を更新したら弱含むサインだと考え、資金に見合う株数を空売りする。

4．損切りは、その前の陽線の高値か、その日の高値に置く。

5．目標値は、次のどれかにする──①すぐ下の支持線、②VWAPと9EMAと20EMAのなかで一番近いところ、③株価が5分足で高

値を更新したところ（売り手が力尽きて買い手が再び支配し始め
たことを意味している）。

　デイトレーダーのなかには、リバーサル戦略だけに絞ってトレード
している人もいる。リバーサルトレードは、最も古くから使われてい
る戦略で、リスク・リワード・レシオが優れているだけでなく、面白
いことにほぼ毎日良い候補が見つかる。私自身も、最近、リバーサル
トレードが増えており、特に午前中の後半や午後は多くなる。しかし、
この戦略はまだ私の基本戦略にはなっていない。私が最も使っている
のは、後述するVWAP戦略と支持線・抵抗線戦略である。

戦略５──移動平均線のトレンド戦略

　デイトレードの仕掛けや手仕舞いを移動平均線を使って決めている
トレーダーもいる。多くの銘柄は、寄り付きのトレードが一段落する
11時ごろに上昇トレンドか下降トレンドができ、１分足や５分足ででき
きる移動平均線が支持線や抵抗線となる。トレーダーはこれを使って
トレンドに乗っていくことができる（買うならば移動平均線の上、空
売りならば移動平均線の下でトレードする）。

　第５章の私の指標の項でも書いたように、私は9EMA（指数平滑移
動平均線）と20EMA、50SMA（単純移動平均線）と200SMAを使っ
ている。この本が長くならないようにするため、移動平均線やEMA
とSMAの違いについて詳しくは書かないが、これらの情報はグーグ
ルで検索すれば分かるし、私の会社のサイト（https://www.
bearbulltraders.com/）を通じて私に直接質問してくれてもよい。また、
簡単な説明は巻末の用語集に載せてある。一般的なチャートソフトに
は、ほとんどの移動平均線が組み込まれている。これらはすぐに使え
るようになっており、デフォルトの設定を変更する必要もないと思う。

145

図7.16　NUGTの１分足チャート──移動平均線のトレンド戦略の買いトレード

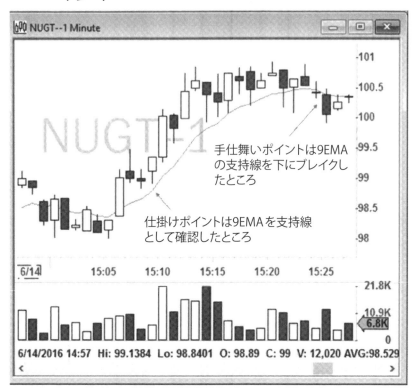

次は図7.16を見てほしい。これはETFのディレクション・デイリー・ゴールド・マイナーズ・ブル３倍（NUGT）の１分足チャートで、9EMAを使ったトレードを紹介する。

15時06分、私はディレクション・デイリー・ゴールド・マイナーズ・ブル３倍がブルフラッグを形成したことに気づいた。しかも、揉み合いが9EMAの上で起こっている。9EMAが支持線になっていると気づいた私は、すぐに仕掛けてこのトレンドに乗り、15時21分に株価が9EMAを下抜くまで保有した。図中に仕掛けと手仕舞いのポイントを

146

図7.17　NUGTの５分足チャート──移動平均線のトレンド戦略の空売りトレード

記してある。

　移動平均線のトレンドは、日中のどの時間枠でも起こっている。私は、１分足と５分足の両方で株価を観察しており、この２つの時間枠のみを使ってトレードしている。

　次は図7.17を見てほしい。これは2016年６月16日に、ディレクシオン・デイリー・ゴールド・マイナーズ・ブル３倍の５分足チャートで移動平均線のトレンドを使ったトレードである。

　このとき、ディレクシオン・デイリー・ゴールド・マイナーズ・ブ

図7.18　CELGの５分足チャート──移動平均線のトレンド戦略を使った買いトレード

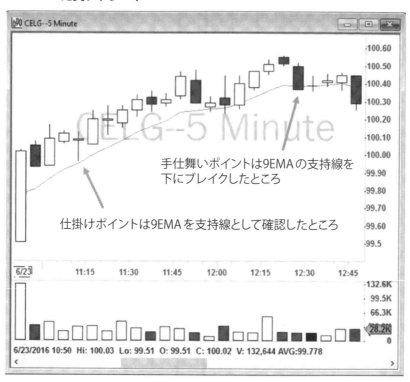

ル３倍は116ドルから100ドル近辺までわずか２時間で14％も急落した。私は115ドルの時点で空売りし、損切りを５分足チャートの9EMAの上に置いた。このときは14時20分ごろに9EMAをブレイクして逆指値の利食い注文に引っかかり、104ドルで手仕舞った。

次はセルジーン・コーポレーション（CELG）の例を見ていこう。図7.18は2016年６月23日の５分足チャートで、9EMAを使った仕掛けと手仕舞いのポイントを記入してある。私は9EMAが強力な支持線となっていた99.90ドル近辺で仕掛けて上昇トレンドに乗り、9EMAを下抜いた100.40で手仕舞って１株当たり約50セントの利益を上げた。

148

図7.19　EXASの５分足チャート──移動平均線のトレンド戦略を使った買いトレード

別の例も見ておこう。**図7.19**は、2016年７月28日のイグザクト・サイエンシズ・コープ（EXAS）の５分足チャートと9EMAである。

もう１つ、9EMAを使った素晴らしい例が、**図7.20**のAMAGファーマシューティカルズ（AMAG）である。2017年１月９日、AMAGファーマシューティカルズの株価はほんの２～３時間で31ドルから23ドルに急落した。このとき、9EMAが強力な抵抗線になっていた。これを空売りして手仕舞いの逆指値を9EMAを上抜いたところに置けば、素晴らしいトレードになっただろう。図中央の３カ所の矢印のところは、株価が9EMAを上にブレイクしたが、５分足の終値は9EMAを上回らなかった。このようなダマシのブレイクアウトは、たいていは出

149

図7.20　AMAGの５分足チャート──移動平均線のトレンド戦略を使った空売りトレード

来高が少ないときに起こる。経験豊富なトレーダーは、５分足の「終値」が9EMAの上になるのを待ってから手仕舞う。少ない出来高で9EMAを急にブレイクしても、トレンドが終わる正しいサインではないのかもしれない。

移動平均線のトレンド戦略の手順をまとめておこう。

1. インプレー銘柄を観察するなかで、移動平均線（通常は9EMA）の近くでトレンドが形成されつつあることに気づくと、私はトレンド戦略を検討する。まず、過去何日かのチャート（１分足か５分足）で、その銘柄が移動平均線にどう反応しているかを確認す

150

る。

2. トレードに最も適した移動平均線を見つけたら、買いの場合はその移動平均線が支持線となっていることを確認したうえで、できるだけその移動平均線に近いところで買う（できるだけ損切りを近くするため）。通常、損切りは移動平均線の5〜10セント下か、足の終値が移動平均線よりも下になったときとする。空売りの場合は逆で、足の終値が移動平均線の上になったら損切りする。

3. 仕掛けたあとは、移動平均線をブレイクするまでトレンドに乗る。

4. 私はトレイリングストップは使わずに、自分の目でトレンドを注視していく。

5. もし株価が移動平均線よりもはるかに上に行ったときは、大きな含み益が出るので部分的に（たいていはポジションの半分）利食うこともある。また、移動平均線のブレイクを待たずに手仕舞うこともある。トレードの世界には「利食い千人力」という言葉があるが、株価が移動平均線まで押したり、戻ったら、増し玉してトレンド戦略を続行することもある。

　私自身は、移動平均線を使ったトレードをすることはあまり多くない。移動平均線を支持線や抵抗線の可能性として見ることはあっても、それに基づいてトレードすることが少ないのは、この戦略だとイクスポージャーを抱える時間が長くなることが多いからだ。トレンドを使ったトレードは長いときには数時間に及ぶこともあるが、私の性格を考えるとそれは長すぎる。私は何分かの間に利食いたいので、1時間でも長いと思っているのだ。この戦略を使わないもう1つの理由は、これがトレード時間の半ばから大引けに最もよく機能することにもある。寄り付き（午前中）のボラティリティが高い時間帯に移動平均線のトレンドを見極めるのは難しいからだ。ゆっくりとしたトレンドが最もよく見つかるのは、ボラティリティが低い昼ごろと、ウォール街のプ

ロのトレーダーがマーケットを支配し始める大引け近く（ニューヨーク時間の15時ごろ）なのである。

とは言っても、移動平均線のトレンド戦略は、急いで判断したり注文したりする必要がないため、優れたトレード戦略ではある。つまり、ホットキーが必要なことはあまりなく、手動で注文を出してもたいてい間に合う。そのうえ、仕掛けポイントや損切りポイントがチャート上の移動平均線を使って明確に分かる。このことは、小口トレーダー用の高い手数料（1トレード当たり4.95ドルに上ることもある）が課されているため簡単にサイズを変えることができない人にとっては特に重要なことである。移動平均線のトレンド戦略は、仕掛けと手仕舞いのポイントが明確なので、このわずか2回の注文で大きな利益が得られることが多い。

前にも書いたとおり、戦術はトレード口座の残高や、トレーダーの性格、トレード心理、リスク許容量などに左右されるだけでなく、使っているソフトウェアやツールや証券会社によるところもある。このような要素を合わせて考慮した結果、私は主にVWAP戦略を使い、ときどきオープニングレンジブレイクアウト戦略や支持線・抵抗線戦略を使っている。これらの戦略については後述する。ただ、トレード戦略は、本を読んだり、メンターと話をしたり、講習を受けただけではまねのできることではないということを強調しておきたい。選んだ手法を時間をかけて系統的に学んで身に付け、それをある程度の期間、使い続ける必要がある。戦略は、自分に合っていればどれでもよい。戦略自体に良いとか悪いとかいうことはなく、自分に合っているかどうかなのである。

戦略6 —— VWAP戦略

VWAP（出来高加重平均取引）は、デイトレーダーにとって最も重

要なテクニカル指標である。VWAPの定義は、ウィキペディアをはじめとするたくさんのオンライン情報源で調べることができる。本書が長くならないよう詳細は割愛するが、VWAPは基本的に出来高の要素を加味した移動平均線である。それ以外の移動平均線は、チャート上の株価のみを使って算出されているが、VWAPはそれぞれの株価の出来高を考慮しているのである。たいていのプラットフォームにはVWAPが組み込まれており、設定を変えなくてもデフォルトのままで使うことができると思う。

VWAPは、買い手と売り手のどちらがプライスアクションを支配しているかを表している。もし株価がVWAPの上で推移していれば、全体的に支配しているのは買い手で、その銘柄には買いの需要がある。しかし、株価がVWAPを下抜けば、売り手がプライスアクションを支配するようになったと考えてよいだろう。

VWAPは、機関投資家のトレード効率を測定するためにもよく使われている。投資銀行やヘッジファンドで働くプロのトレーダーは、毎日多くの株数をトレードしているため、1回の注文で仕掛けたり手仕舞ったりできない。マーケットに、100万株の買い注文を処理するだけの十分な流動性はないからだ。そのため、彼らは注文を1日かけて少しずつ出していかなければならない。プロのトレーダーは、日中に大きなポジションの買いや売りを行ったあと、執行された株価をVWAPと比較する。もし買いがVWAPよりも下で執行されていれば、大きいポジションをマーケットの平均よりも安く（ディスカウントで）有利に買えたことになる。一方、売り注文はVWAPの上で執行されると、平均以上で有利に売れたことになる。つまり、VWAPはプロのトレーダーが良い仕掛けや手仕舞いのポイントを見つけるためにも使われている。彼らが大きいサイズの注文を、VWAPの近くで売買したいのは、彼らのパフォーマンスが大きい注文の執行価格で評価されることが多いからだ。もしVWAPよりもかなり高く買えば、会社に余計なコスト

を負わせたということで悪い評価を受ける可能性がある。そのため、機関投資家はVWAPにできるだけ近い株価か、それ以下で買おうとする。一方、彼らが大きいポジションを手仕舞うときは、VWAPかそれよりも高く売ろうとする。このようなマーケットの動きは、デイトレーダーも知っていれば有利かもしれない。

マーケットが開くと、インプレー銘柄は最初の5分間に激しくトレードされる。もしインプレー銘柄が上に窓を空ければ、個人株主やヘッジファンドや投資銀行のなかには高値のうちに急いで利食おうとする人がいるかもしれない。それと同時に、これ以上上げる前に買おうとする投資家もいるかもしれない。そのため、最初の5分間はオーバーナイトの株主や新たに買おうとする投資家などのよく分からない大量の売買が行われる。また、スキャルパーは寄り付きからモメンタムに乗ろうとする。寄り付きから10～15分が経過すると、ボラティリティは収まっていき、株価はVWAPから離れていく。これは、大手投資銀行が買いか売りを狙っているかどうかを試している。もし大手の機関投資家が大きく買おうとしているならば、株価はVWAPよりも大きく上昇し、さらに上げていく。これは、私たちデイトレーダーにとって、便乗する良いチャンスとなる。

一方、これは持ち株を大量に手放そうとしている大口の株主にとっても良いチャンスとなる。彼らはVWAPから売り始めるが、いずれ株価はVWAPをブレイクして下げ始める。この状況は、デイトレーダーにとって素晴らしい空売りチャンスとなる。しかし、もしマーケットメーカーや機関投資家がその株に関心がないと、株価はVWAPの近くで横ばいになるかもしれない。その場合、賢いトレーダーはこの銘柄をトレードしない。

VWAPを使ったトレードは、新人トレーダーでも簡単に会得できる。大勢のトレーダーがVWAPを研究し、それに基づいて判断しているため、新人トレーダーでも正しい側を見つけやすいからだ。もし株価が

図7.21　SCTYの５分足チャート──VWAP戦略を使った買いトレード

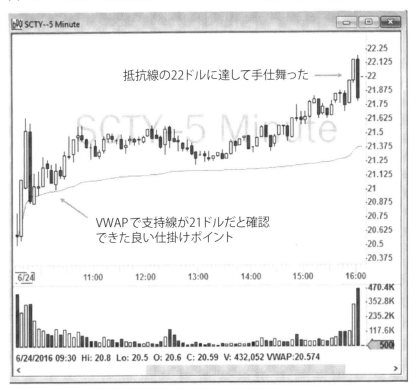

VWAPを試してもブレイクできなければ、空売りすればよい。同じ株価を見ているほかのトレーダーもほぼ間違いなく空売りし始めるからだ。VWAPを使ったトレード戦略は、単純で簡単に実行できる。私は、５分足チャートで株価がVWAPを上抜こうとして失敗したときは、たいてい空売りを仕掛ける。

図7.21は、2016年６月24日に執行したソーラーシティ・コーポレーション（SCTY）のトレードである。

この日の10時ごろ、私はソーラーシティの支持線が21ドル近辺のVWAPよりも上にあることに気づいた。そこで、この銘柄がVWAP

図7.22　SCTYの5分足チャート——VWAP戦略を使った空売りトレード

を支持線にして22ドル近くまで上がることを期待して1000株買った。損切りは、終値がVWAPよりも下になる足とした。このトレードは、最初にポジションの半分を21.50ドルで売って損切りをトントンの場所に動かし、残り半分を22ドルで売った。こうしたのは、50セント（1.50ドル、2.50ドル、3.50ドルなど）や1ドル（1ドル、2ドル、3ドルなど）の切りの良い株価は、支持線や抵抗線になっていることが多いからだ。

　VWAPは、空売りにも適している。**図7.22**は、2016年6月22日にソーラーシティを空売りしたときの画面である。

この日の11時ごろ、私はソーラーシティのVWAPが抵抗線になっていることに気づいた。そこで、私は株価がVWAPから離れていくことを期待して23ドル近辺で空売りした。12時ごろになると、買い手が降参して売り手がプライスアクションを支配し始めた。株価はその後も順調に下げ、私は22ドルで買い戻して1000ドルの利益を手にした。

では、VWAP戦略の手順をまとめておこう。

1. その日のウオッチリストを作成するとき、私は寄り付きでVWAP近くのプライスアクションを観察する。もし株価がVWAPを意識した動きになっていれば、VWAPのブレイクという確認がとれるまで待って、上にブレイクしたら空売り、下にブレイクしたら買いを仕掛ける。
2. 私はリスクを最小限にするため、できるだけVWAPに近いところで買い、損切りは5分足の終値がVWAPをブレイクして下に付いたところにする。空売りの場合も、やはりVWAPの近くで空売りして、損切りをVWAPの上に置く。
3. ポジションは目標値に達するか、新しい支持線か抵抗線に達するまで保有する。
4. 私はたいていポジションの半分を目標値か支持線か抵抗線の近くで手仕舞い、損切りをトントンのところに動かす。

戦略7 ── 支持線・抵抗線戦略

多くのトレーダーがチャートに斜めのトレンドラインを引いている。しかし、私は何千ものトレードをしてきたなかで、マーケットはこの線をまったく気にもとめていないと考えるようになった。私は、斜めのトレンドラインは主観的で、希望的観測がもたらすものだと思っている。トレンドラインはどこを基準にしても引くことができ、それに

図7.23-A

よって傾斜もそれが伝えるメッセージも変わってしまう。買いたい気分のときは、トレンドラインを少し急にしたり、空売りしたいときは下降トレンドが「認識できる」ようにしたりしてしまうものなのだ。しかし、それでは客観的ではないため、私は懐疑的に見ている。なかでも最大の落とし穴は、希望的観測だ。トレーダーは、買いや空売りの気分によって、上昇トレンドでも下降トレンドでも見つけることができるからである。

　私は水平の支持線や抵抗線を好んで使っている。長年の経験から、マーケットが覚えているのは現在の価格のみだということを学んだ私は、水平の支持線や抵抗線は理にかなっていても、斜めのトレンドライン

図7.23-B　SCTYの日足チャートで見つけた支持線と抵抗線

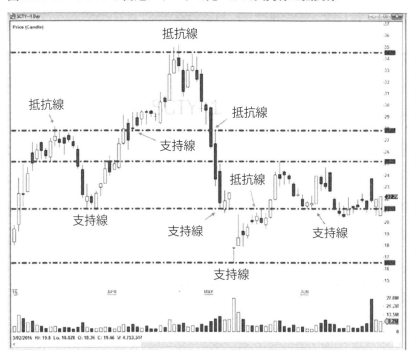

は主観的で自分をだます余地があると思っている。実際、トレンドラインはトレードにおいて最もごまかしやすいツールと言える。そのため、私はトレンドラインを使わないことにしている。

支持線は、株価の動きが止まるか、下降トレンドが反転するほど買い手の力が強い水準である。下降トレンドが支持線に達すると、株価は上昇に転じる。支持線とは、チャート上で２つ以上の底を結んだ水平の線である（図7.23-B参照）。

抵抗線は、株価の動きが止まるか、上昇トレンドが反転するほど売り手の力が強い水準である。上昇トレンドが抵抗線に達すると、株価は梯子を上っていった人が天井にぶつかったような動きを見せる。い

ったん止まってから崩れ落ちるのだ。抵抗線とは、チャート上で2つ以上の天井を結んだ水平の線である（**図7.23-B**参照）。

マイナーな支持線や抵抗線はトレンドを止め、メジャーな支持線や抵抗線はトレンドを反転させる。トレーダーは支持線で買って、抵抗線で売ると、それが自己達成的予言のような効果を生む。

私は毎朝、このようにしてトレード候補の銘柄リストを作成している。候補の条件は、第4章で設定したように、ニュースや、極端な決算やFDA（アメリカ食品医薬品局）の認可が下りたものなど、ファンダメンタルズ的なきっかけがある銘柄だ。ちなみに、このようなインプレー銘柄は、ほかの小口トレーダーも、観察したり、トレードを計画したりしている。

そして、マーケットが開く前に、私は日足チャートで過去に重要だった株価水準を確認する。支持線や抵抗線の水準を見つけるのは難しく、トレード経験が必要となる。もし毎朝私のトレードを見ていれば、私がどのようにしてインプレー銘柄の支持線や抵抗線を決めているか分かると思う。

例えば、**図7.23-B**のSCTYの日足チャートを、支持線と抵抗線がない**図7.23-A**と見比べてほしい。

日足チャートの支持線や抵抗線を見つけるのは必ずしも簡単ではないし、明確な線が1本も引けないこともある。もし明確な場所が分からないときは、線を引かなくてもよい。そのようなときは、ほかのトレーダーも明確な水準が分かっていない可能性が高いため、無理に線を引いても意味がないからだ。その場合は、VWAPや移動平均線やそれ以外に紹介してきたチャートパターンを使ってトレードを計画する。

日足チャートに支持線や抵抗線を引くためのヒントをいくつか紹介しておこう。

1. 支持線や抵抗線の水準は、売り手と買い手が攻防を繰り広げてい

るため、様子見の足が出現することが多い。

2．50セントや1ドル単位の株価は支持線や抵抗線の水準になりやすいし、株価が10ドル未満の株については特にそう言える。もし日足チャートでこれらの水準に支持線や抵抗線が見つからなくても、デイトレードではこれらの水準が見えない支持線や抵抗線になり得ることを覚えておくとよい。

3．線を引くときは、必ず最近のデータも確認する。

4．天井や底に多く接する線のほうが、良い支持線や抵抗線であり、価値も高いため、より重視する。

5．支持線や抵抗線で重要なのは、現在の株価に近いもののみ。もし今の株価が20ドルならば、40ドル近辺に線を引いても意味がない。株価がそこに達する可能性は低いからだ。自分のデイトレードのレンジに近い支持線や抵抗線だけを探せばよい。

6．支持線や抵抗線は、実際には具体的な数字ではなく「範囲」を示している。例えば、もし支持線を19.69ドル近辺に引いたとしても、19.69ドルでぴったり動きを止めるわけではない。株価にもよるが、普通は5〜10セントの範囲で見ておくとよい。つまり、もし支持線が19.69ドルならば、実際には19.62〜19.72ドル辺りが妥当な範囲かもしれない。

7．支持線や抵抗線は、その水準で株価が明らかに反転していなければならない。もし反転したかどうかがはっきりと分からなければ、それはおそらく支持線や抵抗線ではない。重要な支持線や抵抗線は、日足チャート上で「ここだ」と叫んでいるため、すぐに分かる。

8．デイトレードでは、支持線や抵抗線を複数の足の終値を通るように引くよりも、日足のヒゲの先を通るように引くほうがよい。これは、スイングトレードとまったく逆である。スイングトレードでは、支持線や抵抗線を天井や底ではなく、たくさんの足の終値、

161

図7.24　2016年6月21日午前9時20分のギャッパーウオッチリスト。KMXはこの日のインプレー銘柄かもしれない

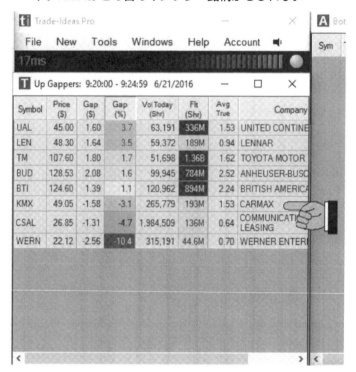

　つまり揉み合いのレンジの端を通るように引く。スイングトレードでは高値や安値よりも終値が重要だからだ。日足チャートの終値は、マーケットメーカーやプロのトレーダーが合意した株価だが、上ヒゲや下ヒゲは、デイトレーダーによるものなので、これには注目しておかなければならない。

　支持線や抵抗線を引くのは難しいが、コツさえ分かれば簡単にできるようになる。私はチャットルームで毎朝、これらの水準を判断する様子を公開しているので、いつでものぞいて見てほしい。繰り返しに

図7.25 2016年6月20日までのKMXの日足チャートの支持線と抵抗線

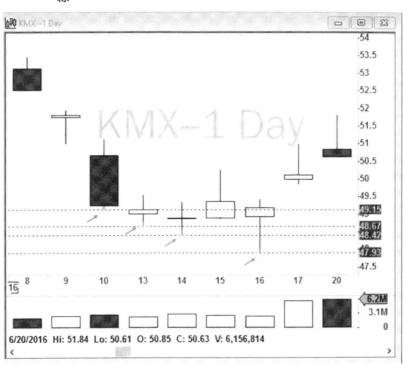

なるが、私は自分のプラットフォームをトレード仲間にライブで公開している。

支持線や抵抗線を使って私が行ったトレードを紹介する。**図7.24〜7.26**を見てほしい。カーマックス（KMX）はアメリカ最大の中古車販売会社で、2016年6月21日に極端に悪い決算発表があったため、株価は3％以上窓を空けて下げた。これは、私たちのような小口トレーダーにとって良いトレード計画を立てる完璧なチャンスだった。私は急いで日足チャートの支持線や抵抗線の水準を調べ、その近くでのプライスアクションを観察した。

図7.26　KMXの5分足チャート——支持線・抵抗線戦略を使ったトレード

　私は、2016年6月20日までの日足チャートを見て、47.93ドル、48.42ドル、48.67ドル、49.15ドルという4つの水準を見つけた。図7.25から分かるように、これらの水準はそれまでの日足のヒゲの下の先端で、前にも書いたとおり私は始値と終値よりもヒゲの先端に注目している。

　図7.26は、その翌日の6月21日の5分足チャートで、ここに図7.25の水準を横の点線で重ねてある。株価との関係を見てほしい。このなかの水準が支持線や抵抗線として機能しているところに印を付けてある。また、このような水準の近くでは、出来高にも注目してほしい。これらの水準で出来高が急増していることが分かるだろうか。出来高が多いのは、これらの水準が重要だという確認になるため、デイトレー

ダーはぜひ注目してほしい。

　マーケットが開くと、私は株価を観察し、寄り付きの時点で48.67ドルが抵抗線になっていることに気づいた。しかし、そのあとは47.93ドルまで売られ、出来高も多かった。私はこの支持線で1000株買い、損切りをその下の47.93に置いた。もしこの支持線よりも下で終値を付ける足があれば、損切りをする。しかし、株価はダイバーが海底に達したがごとく反転した。私は500株を48.42ドルで売り、500ドルの利益を上げた。そして、残りの500株は次の抵抗線の48.67ドルで売って750ドルの利益を上げた。そのあともプライスアクションの観察を続けていると、その日の午後に株価が49.15ドルの水準で跳ね返され、出来高も多かったので空売りし、損切りは高値を更新するか、足の終値が49.15ドルになったときとした。このポジションは、半分を48.67の水準で買い戻し、残りの半分は48.42ドルで手仕舞った。このトレードもかなりの利益になった。

　支持線・抵抗線戦略の手順をまとめておこう。

1．私は毎朝、その日のウオッチリストを作ったあと、急いでリストの銘柄の日足チャートを見て支持線や抵抗線の水準を探す。
2．5分足チャートでその水準近くのプライスアクションを観察する。もし支持線（抵抗線）の近くで様子見の足が形成されたら、それを確認として買う（売る）。このとき、リスクを最小化するため、できるだけ支持線（抵抗線）の近くで買う（売る）。損切りは、支持線（抵抗線）を下（上）にブレイクして、5分足の終値が支持線（抵抗線）よりも下（上）になったときとする。
3．次の支持線か抵抗線で利食う。
4．ポジションは、目標値か新しい支持線や抵抗線の水準に達するまで保有する。
5．私はたいていポジションの半分を目標値か次の支持線や抵抗線の

165

近くで手仕舞い、損切りをトントンのところに動かす。

6．もし次に明確な支持線や抵抗線がなければ、次の50セントか1ド
ルの切りの良い水準で手仕舞うことを考える。

戦略8──レッド・トゥ・グリーン戦略

　レッド・トゥ・グリーンも、簡単に見つけられるトレード戦略であ
る。第5章に書いたとおり、私は前日の終値をチャートに表示してい
る。これは強力な支持線や抵抗線になり得るため、出来高が増えてき
たら、そこに目指してトレードするとよい。

　もし上に窓を空けたインプレー銘柄の現在の株価が前日の終値より
も高ければ、マーケットが緑の日から赤の日に変わる（株価がマイナ
スに変化する）ことを示唆している。これは多くの取引所やプラット
フォームで下落を赤で示していることからきている。これがグリーン・
トゥ・レッドの動きである。

　もし下に窓を空けたインプレー銘柄の現在の株価が前日の終値より
も安ければ、マーケットは赤い日から緑の日に変わる（株価がプラス
に変化する）ことを示唆している。これは多くの取引所やプラットフ
ォームで上昇を緑で示していることからきている。これがレッド・ト
ゥ・グリーンの動きである。

　この戦略は、赤から緑でも緑から赤でもトレードの方向（買いか空
売り）以外はほぼ同じ手順なので、ここでは例はグリーン・トゥ・レ
ッド戦略、手順はレッド・トゥ・グリーン戦略を使って説明してある。

　最初は、マリンクロット・パブリック・リミテッド・カンパニー
（MNK）の5分足チャートを使ってグリーン・トゥ・レッド戦略を見
ていこう（**図7.27**）。この銘柄は、2017年1月19日のインプレー銘柄
で、寄り付きでは前日の終値のかなり上にあった。しかし、そこから
弱含んでVWAPの下で推移しており、近くに支持線や抵抗線はなく、

166

図7.27 MNKの５分足チャートでグリーン・トゥ・レッド戦略を使った空売りトレード

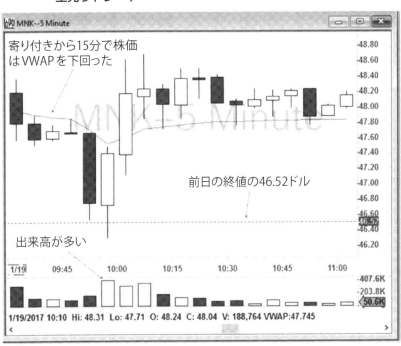

あるのは前日の終値の46.52ドルの水準だけだった（チャートのなかの点線）。私は、VWAPに近い47.80ドルで空売りを仕掛け、目標値を前日の終値の46.52ドルに置いて１株当たり1.20ドルの利益を狙った。

別の例も見ておこう。**図7.28**は2017年１月10日のバラクーダ・ネットワークス（CUDA）の５分足チャートで、寄り付きの様子は前のケースと似ている。バラクーダ・ネットワークスは、好調な決算発表を受けてプレマーケットで窓を上に空け、前日の終値を大きく上回っていたが、寄り付きで大きく売られた。これは、オーバーナイトの買い手と長期投資家が利食ったためかもしれない。そのあと株価はVWAPを10分ほど試してから再び下げに転じ、出来高も多かったため、ここ

図7.28 CUDAの５分足チャートでグリーン・トゥ・レッド戦略を使った空売り

が空売りのチャンスとなった。株価は目標値の前日の終値で反転すると、昼ごろにはVWAPまで戻した。午後に入ると株価は再び下げに転じ、再びグリーン・トゥ・レッド戦略のチャンスとなった。

この例でも、前日の終値の23.81ドルの水準が強力な支持線となっていた。朝のトレードも午後のトレードも、VWAPの24.40ドルと23.81ドル辺りが空売りのチャンスとなっていた。ただ、私は同じ時間帯に別のトレードを仕掛けていたため、このトレードは執行しなかった。

レッド・トゥ・グリーン戦略の手順をまとめておこう。

1. その日のウオッチリストを作ったら、前日の終値近くのプライスアクションを観察する。

２．もし株価が前日の終値の下にあり、そこに向かって上昇していて、出来高も多ければ、買いを検討して目標値を前日の終値にする。

３．損切りは最も近いテクニカルレベルに置く。例えば、VWAPの近くで買った場合の損切りはVWAPをブレイクしたときとする。もし移動平均線や重要な支持線の近くで買ったならば、損切りもそれぞれをブレイクしたときにする。

４．通常は、目標値に達したら売る。もし株価が順行していれば、損切りを仕掛けポイントに動かして最悪トントンにする。レッド・トゥ・グリーン戦略は、普通はすぐに結果が出る。

グリーン・トゥ・レッド戦略で空売りするときも、ほぼ同じ手順になる（**図7.27**のMNKと**図7.28**のCUDA参照）。

戦略９──オープンレンジブレイクアウト戦略

もう１つ、よく知られた戦略に、いわゆるオープンレンジブレイクアウト戦略がある。これは、仕掛けポイントのシグナルを示してくれるが、目標値は決まっていないため、本書で紹介したほかのテクニカル水準を使って最善の目標値を探す必要がある。ちなみに、少し先で、これまで紹介した以外の目標値を探すための方法も紹介していく。オープンレンジブレイクアウトは仕掛けのシグナルのみだが、完全な戦略は適切な仕掛けと手仕舞いと損切りポイントが定義されていなければならないということを忘れないでほしい。

ニューヨーク時間の９時30分にマーケットが開くと、インプレー銘柄はたいてい大量の売りと買いによって荒いプライスアクションを見せる。最初の５分間の激しい売買は、オーバーナイトのポジションを利食ったり損切りしたりする人たちや、新たに参入する投資家やトレーダーによるものだ。もし株価が上に窓を空けると、オーバーナイト

169

図7.29　2017年3月9日9時の私のウオッチリスト。ELFがこの日の
　　　　　インプレー銘柄になるかもしれない

Pre-Market Movers up or down $1: 9:00:00 - 9:04:59 3/09/2017									
Symbol	$	T	C	$C	C%	Float		$ Float	Sector
ELF	30.30	186,010	5.00	19.8	3,556,310	0.90	7.49	Retail Trade
HZN	14.00	59,961	-3.02	-17.7	18.08M	0.58	6.54	Manufacturing
TLRD	16.70	437,617	-6.67	-28.5	48.34M	0.91		Retail Trade

のポジションを利食う人がいると同時に、さらに上げることを期待して新たに買う投資家もいる。一方、下に窓を空けると、パニックを起こし、それ以上下げるのを恐れて寄り付きで投げる投資家もいる。しかし、この下げを買いのチャンスと考えて大きく買う機関投資家もいる。

　そのため、インプレー銘柄の寄り付きは、複雑な群衆心理が展開している。賢いトレーダーは、寄り付きのレンジが形成されるのを待ちながら、売り手と買い手の攻防をどちらかが勝つまで冷静に見守っている。

　通常、寄り付きから少なくとも5分は待つ。この値幅が5分間のオープンレンジブレイクアウトである。なかにはもっと長く待って（30分、1時間など）、力関係を見極めたあとで、30分や60分のブレイクアウトの方向にトレード計画を立てる人もいる。私は、かつては5分のオープンレンジブレイクアウトのみでトレードしていたが、最近は15分のオープンレンジブレイクアウトや30分のオープンレンジブレイクアウトが気に入っている。時間枠が長くなると、5分のオープンレンジブレイクアウトよりもボラティリティが低くなる。ほかの多くのセットアップと同様に、オープンレンジブレイクアウト戦略も日中に株価が激しくスイングしない中型株や大型株でうまくいくことが多い。こ

図7.30 ELFの５分足チャートでオープンレンジブレイクアウト戦略を使った空売り

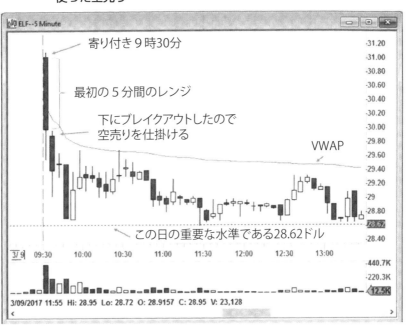

　の戦略は、浮動株が少なくて上や下に窓を空けた銘柄には勧めない。できれば、株価はATR（アベレージ・トゥルー・レンジ。真の値幅の平均）よりも狭いレンジで推移している銘柄が向いている。レンジの上限と下限は、５分足、15分足、30分足、60分足などの高値や安値とすることもできる。

　この戦略をよりよく理解するために、**図7.29**と**図7.30**を見てほしい。後者は2017年３月９日のe.l.f.ビューティー（ELF）の５分足チャートである。e.l.f.ビューティーは好決算で19％以上の窓を上に空け、この日の私のウオッチリストに入っていた。私はこの銘柄で空売りできるかどうかを判断するために注目することにした。たくさんのオーバーナイトの投資家やトレーダーが利食う可能性は高い。オーバーナイ

171

図7.31　2017年2月15日9時の私のギャッパーウオッチリスト。PGがこの日のインプレー銘柄になるかもしれない

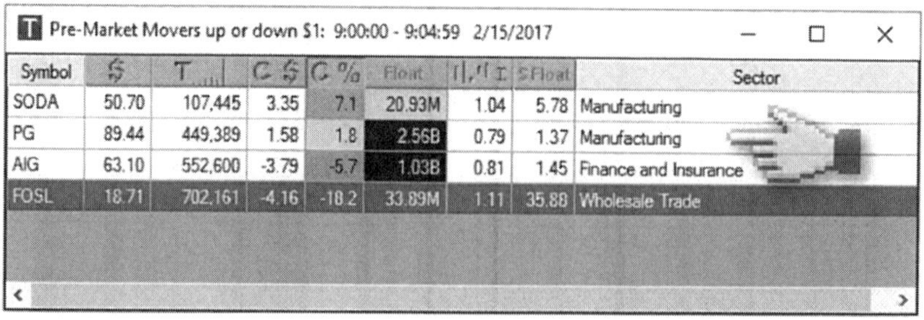

Pre-Market Movers up or down $1: 9:00:00 - 9:04:59 2/15/2017

Symbol	$	T	C $	C %	Float		$Float	Sector
SODA	50.70	107,445	3.35	7.1	20.93M	1.04	5.78	Manufacturing
PG	89.44	449,389	1.58	1.8	2.56B	0.79	1.37	Manufacturing
AIG	63.10	552,600	-3.79	-5.7	1.03B	0.81	1.45	Finance and Insurance
FOSL	18.71	702,161	-4.16	-18.2	33.89M	1.11	35.88	Wholesale Trade

トで19％の利益というのは、多くの投資家にとって非常に魅力的なので、利食わない理由がないからだ。

図7.30から分かるように、e.l.f. ビューティーは31ドルで寄り付いたあと5分間で大きく売られて30ドルを割った。これは、19％も上に窓を空けたあとで投資家が利食ったサインである。私は売り手と買い手による最初の5分間の攻防が終わるまで観察した。そのあと、寄り付きの5分のレンジが下にブレイクされたため、私はすぐにVWAPの下で空売りした。前述のとおり、オープンレンジブレイクアウトは買いか売りのシグナルを出すだけなので、適切な目標値と損切りは自分で決めなければならない。私はいつも、空売りの損切りはVWAPのすぐ上、買いの損切りはVWAPのすぐ下、目標値は次の重要なテクニカル水準としている。

また、**図7.30**を見ると分かるように、私は次の重要な水準である28.62ドルに向かう下げに乗って空売りし、その水準で買い戻した。

2017年2月15日のプロクター・アンド・ギャンブル（PG）の例も見ていこう。この銘柄は、私のスキャナーで見つけ（**図7.31**）、寄り付きのウオッチリストに載せた。

図7.32から分かるとおり、寄り付きからわずか5分間で260万株以

図7.32　PGの５分足チャートでオープンレンジブレイクアウト戦略を使った買いトレード

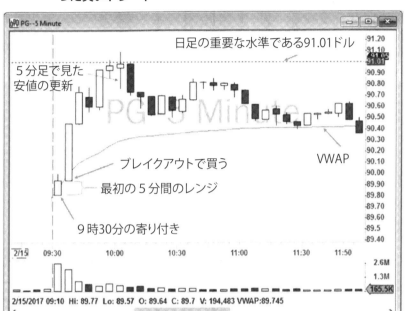

上が売買されたが、プロクター・アンド・ギャンブルの株価は89.89ドルから89.94ドルに動いただけだった。プロクター・アンド・ギャンブルのATRが79セントなのに対して、わずか５セントのレンジである。前述のとおり、寄り付きのレンジは日次のATRよりも狭くなければならない。もしこのレンジがATRに近かったり超えたりすれば、オープンレンジブレイクアウト戦略の良い候補にはなり得ない。ボラティリティが高すぎて、その動きをとらえることができないからだ。繰り返しになるが、株価に動きと方向性があり、それをとらえることが可能でなければインプレー銘柄にはならない。もし株価が方向性のないまいつも２ドルくらい動いて、出来高も多ければ、手を出さないほうがよい。このような銘柄は、コンピューターによるトレードが大量に

173

行われている可能性が高いからだ。

　プロクター・アンド・ギャンブルの例では、寄り付きのレンジを上にブレイクしたらすぐに買い、次の抵抗線の91.01ドルまで上昇の波に乗った。もし手仕舞いのための明らかなテクニカル水準がなければ、弱含む兆候が見えたときに手仕舞ってもよい。例えば、5分足で安値を更新したら、それは弱含むサインで、買いポジションであれば売りを考えるべきなのかもしれない。もし空売りしていて高値を更新すれば、強含むサインなので買い戻したほうがよいかもしれない。今回のプロクター・アンド・ギャンブルの例では、もし先に91.01ドルの水準が分かっていなければ、安値を更新したときに、91ドルのすぐ下で手仕舞うこともできた。**図7.32**には安値の更新にも印を付けてある。

　オープンレンジブレイクアウト戦略の手順をまとめておく。

1．朝、ウオッチリストを作ったあと、候補の銘柄を最初の5分間注視する。候補銘柄の寄り付きのレンジとプライスアクションについて、出来高、株価の方向性があるかどうか、大口注文ばかりか、それとも注文数が多いかなどといったことを見極める。私は、出来高が多くて、さまざまなサイズの注文が入っている株を好んでトレードしている。出来高が100万株でも、10万株の注文が10本ならば流動性のある銘柄とは言えない。流動性は出来高だけでは分からない。取引所に出された注文の数も重要なのである。

2．寄り付きのレンジがその株のATRよりもはるかに狭くなくてはならない。私は、トレードアイデアのスキャナーにATRの列を設けている。

3．株価は寄り付きから5分間のレンジができたあと、次の5分もそのレンジにとどまっている場合もある。しかし、もし株価が寄り付きのレンジをブレイクしたら、その方向に仕掛ける（上にブレイクしたら買い、下にブレイクしたら空売りする）。

174

4．損切りポイントは、買いのときはVWAPを下抜いたところ、空売りのときはVWAPを上抜いたところとする。

5．目標値は、次の重要なテクニカル水準。例えば、①プレマーケットで見つけた重要な日足の水準、②日足チャートの移動平均線、③前日の終値。

6．もし手仕舞いや損切りに使える明らかなテクニカルの水準がないときは、買いならば弱含むサインが見えたところ、空売りならば強含むサインが見えたところで手仕舞う。例えば、買いで5分足が安値を更新すれば、弱含む兆候なので売ることを考える。また、空売りしているときに5分足で高値を更新すれば、強含む兆候なので買い戻しを考える。

この手順は5分間のオープンレンジブレイクアウトを使っているが、15分間でも30分間でも同じ手順でトレードできる。

そのほかのトレード戦略

ここまで、私のトレード戦略について簡単に書いてきたが、ほかのトレーダーはどのような戦略を使っているのだろうか。前にも書いたとおり、トレーダーが自分のために考案したトレード戦略は無数にある。トレーダーの多くは、個人的な要素（トレード資金、トレードにかけられる時間、トレード経験、自分の性格、リスク許容量など）に合わせて戦略を選んだり、調整したりしている。

あなたも、自分のための戦略を作り上げていってほしい。トレード戦略はトレーダーごとにカスタマイズしていくものである。私のリスク許容量は、あなたやほかのトレーダーたちとは違う可能性が高い。私にとって500ドルの損失は大きすぎるが、トレード資金が多い人ならば含み損に耐えて利益につなげることができるかもしれない。トレード

175

は他人のまねをしてはならない。自分に合うようにリスク管理の手法と戦略を調整していくものなのである。

　トレーダーのなかには、テクニカル指標（RSI［相対力指数］、MACD［移動平均収束拡散手法］、移動平均線の交差など）のみに注目している人たちもいる。トレードの世界には、何百、もしくは何千ものテクニカル指標がある。なかには聖杯とも呼べるテクニカル指標を見つけたと思っているトレーダーもいるし、それはRSIや移動平均線の交差などを組み合わせた手法かもしれない。私自身は、テクニカル指標をたくさん並べればデイトレードで成功できるとは考えていない。デイトレードは、機械的または自動的にできるものではなく、自分でリアルタイムにその場で判断を下していかなければならない。それぞれの戦略が成功するかどうかは、正しく判断し、適切に実行できるかどうかにかかっているのである。

　私は、指標をたくさん使う戦略にも懐疑的である。チャートにたくさんの指標を表示することが、デイトレードの助けになるとは思えない。情報を秒単位で素早く処理していかなければならないときはなおさらだ。また、異なる指標のシグナルが矛盾して混乱を招くこともよくある。

　だからこそ、私はデイトレードの指標をVWAPと何本かの移動平均線に絞っている。ちなみに、スイングトレードをするときは、もっと複雑な指標（例えば、MACD）も使っている。急いで判断しなくていいからだ。スイングトレードの場合、私は大引けのあとに適切なデュー・デリジェンスや評価を行って、トレードを見直している。ちなみに、本章で名前を挙げた指標をはじめとするテクニカル指標はインターネットで検索すれば簡単に見つかる。

　私のデイトレード仲間のなかには、違う意見の人たちもいるかもしれないが、私は経験上、指標を使って機械的、またはシステム的に仕掛けや手仕舞いのポイントを決めることはできないと思っている。そ

176

こでデイトレードのルール10である。

**ルール10──指標は指し示しているだけで、それに指示されては
ならない。**

コンピューターは常にトレードしている。もしあなたがトレーダー
のインプットや判断を必要としないトレードシステムを開発して、ア
ルゴリズムトレードの世界に参入すれば、何百万ドルもかけたアルゴ
リズムと何十億ドルもの資金を持った投資銀行には勝てない。

もちろん私も、戦略によってはスキャナーのなかでRSIを使うこと
もある（特に、リバーサルトレードでは）。ただ、スキャナーでRSIが
高い銘柄や低い銘柄を探すのは、極端な状態にある銘柄を探す手段の
1つにすぎず、それが売りや買いの指示ではない。

自分に合った戦略を立てる

トレーダーはマーケットに自分の場所を探す必要がある。私は1分
足と5分足でトレードしているが、あなたには60分足が向いているの
かもしれないし、日足や週足などが向いている人もいる（スイングト
レーダー）。自分に合った場所は必ず見つかる。本書で学んでいること
は、パズルの一片で、すべてが合わさるとトレードの仕事という大き
な絵が完成すると考えてみてほしい。本書で得たピースと、そのほか
の本やリサーチで得たピースが合わさって、あなたがあなた独自のト
レード戦略を打ち立てていくのである。私がやっていることがすべて
そのままあなたに合っているとは思わない。ただ、あなたの性格や資
金量やリスク許容量に合った戦略を作る手助けは喜んでる。私の会
社のチャットルーム（https://www.bearbulltraders.com/）を通じて
声をかけてほしい。

177

今、あなたがすべきことは、１つの戦略を会得することである。１つの戦略でとりあえず沈まないようになれば、破綻は免れる。そのためには、ひたすら経験を積んでほしい。チャートを長く観察するほど、学ぶことは多くなる。これは、できるだけ長く生き残ることが目的の仕事なのである。ずっと使い続ける必要はないが、まずは１つの戦略をしっかり会得しなければならない。それはVWAP戦略でも、支持線・抵抗線戦略でも、リバーサル戦略でも、あなた独自の戦略でもよい。選択肢を絞り込み、得意なものを実行可能なトレード戦略に発展させ、それを使ってほかの戦略が使いこなせるようになるまで生き延びてほしい。

　トレーダーは、何らかの戦略を持ってトレードすることが非常に重要だ。トレードを計画し、その計画をトレードするのだ。私がトレードを学び始めたとき、だれもこのことを教えてくれなかった。できれば、「アンドリュー、戦略を持ってトレードしなければダメだ。本物のお金を賭けるのならば、十分なデータに基づいてお金を賭ける価値がある戦略を書面にして、それをトレードするべきだ」と言ってほしかった。そして、計画は、仕掛けたらポジションを持っている間は変更してはならない。

　実際のトレードでは、負けることもある。大金を失った人の多くは、本書の教えが身に付いていなかったのである。ライブのトレードで、まだ使いこなせるようになっていないさまざまな戦略を行き当たりばったりに実行していれば、何が起こったか分からないまま資金は底をつく。新しい戦略は、投資する価値があるかどうかを十分検証したうえでなければ、実際に実行すべきではない。それには、シミュレーターで３カ月練習してから、小さいサイズで１カ月間、実地にトレードし、再びシミュレーターで間違ったところの対策をしたり、新しい戦略を練習したりしなければならない。実際のトレードを始めてからでも、シミュレーターに戻ることは恥ではない。経験豊富なプロのトレーダー

でも、新しい戦略を開発したり試したりするときは、まずシミュレーターで行っている。

本書を読みながらシミュレーターで練習をしている人は、自分にとってトレードする価値がある戦略を作り上げていくことに集中してほしい。必要があれば、私はいつでも手伝う。マーケットは常にそこにあるということを覚えておいてほしい。あわてる必要はないのだ。デイトレードの仕事はスプリントではなく、マラソンだ。来週末までに５万ドル稼ぐといったたぐいのものではなく、一生使えるスキルを身に付けることなのである。

特定の時間帯のトレード

私は、デイトレードの時間帯を寄り付き、昼ごろ、大引けに分けて考えている。トレード戦略は、時間帯によって効果的に機能しないものもあるため、時間帯によってトレードの仕方を変えていく必要がある。良いトレーダーは、最も利益率が高いチャンスがある時間帯を記録して、トレードの仕方や戦略を調整している。

寄り付きの時間帯は約１時間半（ニューヨーク時間ならば９時30分～11時）で、私の場合はこの時間帯がトレード件数も株数も最も多い。私にとっては統計上最も利益率が高い時間帯なので、トレードサイズもトレード数も増やしている。

●寄り付きの時間帯には、ブルフラッグモメンタム戦略とVWAP戦略が向いている。

昼ごろの時間帯（11時～15時）は、マーケットの動きが鈍くなる。これは最も危険な時間帯とも言える。出来高も流動性も低いため、小さな注文でも株価が予想をはるかに超えて大きく動いてしまうことがあ

るからだ。昼ごろは、予期しないおかしな動きによって損切りに達してしまうことも多い。私自身のトレードを見直しても、昼ごろの時間帯の結果が最も悪い。そのため、この時間帯にトレードするならば、リスク・リワード・レシオが最も良いチャンスがあったときにかぎり、小さなサイズで損切りを近づけて執行することにしている。ちなみに、新人トレーダーは、昼ごろにトレードしすぎる傾向がある。この時間は、トレードするよりも大引けに備えて情報収集をするのがよいだろう。大引けに向けてトレード候補の株価をよく観察するのだ。もし昼ごろの時間帯にトレードするならば、よくよく気を付けて行ってほしい。

●昼ごろの時間帯には、リバーサル戦略、VWAP戦略、移動平均線戦略、支持線・抵抗線戦略などが向いている。私は、昼ごろと大引けの時間帯はブルフラッグモメンタム戦略はけっして行わない。

　大引けに向かう時間帯（15時～16時）の株価には方向性があるため、最後の1時間は上昇トレンドまたは下降トレンドになっている銘柄をトレードしていく。この時間帯は、昼ごろよりもサイズを増やすが、寄り付きの時間帯ほど多くはしない。終値は、その株の価値に関するウォール街のトレーダーの意見が反映されていることが多い。彼らは寄り付きからずっとマーケットを観察したうえで、最後の1時間のマーケットを支配する傾向がある。また、多くのプロがオーバーナイトのポジションを避けるため、この時間帯に利食う。もしこの時間帯に株価が大きく上げれば、プロはその銘柄に対して強気なのかもしれない。逆に、もしその時間帯に下げたら、プロは弱気なのだろう。ここはプロと逆行するのではなく、同じ方向にトレードするのが良い。

●大引けの時間帯は、VWAP戦略、支持線・抵抗線戦略、移動平均線のトレンド戦略などが向いている。

第7章　最も重要なデイトレード戦略

　寄り付きで得た利益をそのあとの時間で失うトレーダーは多いが、その1人になってはならない。私自身はそれを避けるために、昼ごろと大引けの時間帯に、寄り付きの時間帯の利益の30％を超える損失は出さない、というルールを決めている。つまり、損失が30％に達したら、トレードをやめるかシミュレーターでトレードするようにしているのである。

181

第8章 トレードで成功するための手順

Step-by-Step to a Successful Trade

　ここで、私のトレードの仕方を見ていこう。詳細な手順はあとで説明する。

ウオッチリストの作成

　2016年6月2日、マーケットが開く前に私のウオッチリストのスキャナーにサレプタ・セラピューティックス（SRPT）が表示された。**図8.1**を見ると分かるように、この銘柄は14.5％の窓を下に空けており、浮動株が少なく（3600万株しかないため、日中大きく動く可能性がある）、ATR（アベレージトゥルーレンジ。真の値幅の平均）が1.86ドルと大きい（日中に平均1.86ドル程度動く可能性がある）。ATRは大きいほうが、デイトレードには望ましい。

トレード計画（仕掛け、手仕舞い、損切り）

　私はサレプタ・セラピューティックスのチャートを見て、最初の10分間は様子を見ようと決めた。**図8.2**に私のそのときどきのコメントが記入してある。マーケットが開くと、買い手がそれ以上株価を上げることができないことが分かった。買い戻している様子がないのだ。そ

183

図8.1 6時15分（ニューヨーク時間の9時15分）に、私のウオッチリストにSRPTが表示された

Symbol	Price ($)	Gap ($)	Gap (%)	Vol Today	Flt (Shr)	Avg True	Avg Vol	Company Name
SRPT	18.30	-3.11	-14.5	77,117	36.0M	1.86	9.48M	SAREPTA THERAPEUTICS
CXRX	32.58	1.53	4.9	60,106	39.2M	2.25	609K	CONCORDIA HEALTH CARE
BOX	11.75	-1.06	-8.3	135,063	42.4M	0.33	1.15M	BOX INC
QLIK	30.25	1.28	4.4	1.22M	86.6M	1.06	2.17M	QLIK TECHNOLOGIES
CIEN	19.56	1.80	10.1	536,084	134M	0.46	2.73M	CIENA CORP
ORCL	39.03	-1.23	-3.1	97,831	3.03B	0.53	9.12M	ORACLE CORP

こで、私はVWAP戦略でトレードすることにした。VWAPとその近くのプライスアクションを5分足2本分観察した結果、売り手が株価を支配し、買い手はVWAPを上抜いてその水準を維持することができないことが分かった。これは、空売りしてVWAPの上に損切りを置けば良いトレードになりそうだ。

執行

寄り付きから10分後、5分足がVWAPの下で終値を付けたため、私は18.20ドル近辺で空売りを仕掛け、損切りをVWAPのすぐ上に置いた。期待どおり売り手が価格を支配し、株価は17ドルまで下げた。私は5分足の高値が更新されたところで手仕舞った。ローソク足の高値が更新されたということは、買い手が支配し始めていることを意味している。私は17.40ドル近辺で買い戻し、650ドルの利益を得た（**図8.3**）。

トレードの過程

私は、ほんのいくつかの堅実なセットアップを学べば、安定的に利益が上げられると考えている。むしろ、単純な手法のいくつかの厳選

図8.2　2016年6月2日の寄り付き（ニューヨーク時間9時30分）のSRPTの5分足チャート

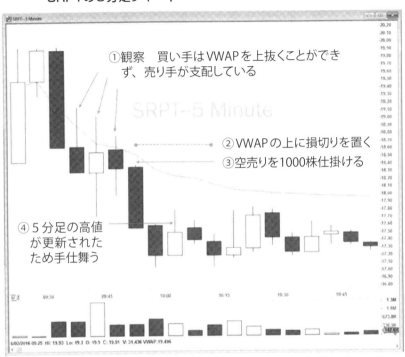

したセットアップだけを使うようにするほうが、混乱とストレスを減らして、勝敗を分けるカギとなるトレードの心理的な側面に集中することができるようになる。

　これまでいくつかのトレード戦略の基本を学んできた。次は、トレードの計画や執行の過程を見ていこう。新人トレーダーの多くは、自分がトレードしたいセットアップが分かっても、なかなかトレード計画を立てたり執行したりするのが難しい。せっかくのセットアップでも仕掛けや手仕舞いのタイミングを誤って、自分だけ損失を出してしまうことがよくある。このような場合は、トレードプロセスを確立することが解決策になると思う。トレードを計画し、それを執行するの

図8.3 2016年6月2日、寄り付きからわずか12分で650ドルの利益になった

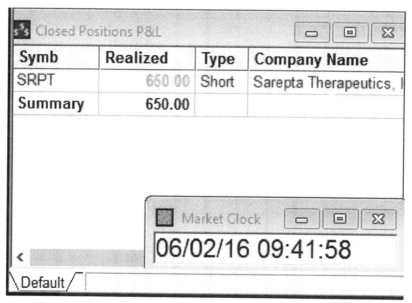

である。
　私は化学工学の博士号修得者としてトレードもプロセスが大事だと信じているし、私がトレーダーとして成功した主な理由だと自信を持って言っている。私のトレードプロセスは次のようになっている。

●朝の一連のルーティン
●ウオッチリストの作成
●トレード計画の作成
●計画に従ってトレードを仕掛ける
●計画に従ってトレードを管理し、手仕舞う
●記録と見直し

トレードを利益につなげるのは、上のプロセスを正しく実行することだと覚えておいてほしい。それにはすべてのトレードについて仕掛けと手仕舞いの理由を書き出していくとよい。だれでも本書やそのほかのトレード本を読むことはできるが、トレードを正しく執行する規律を持った人はわずかしかいない。良いセットアップを知っていても、銘柄が正しくないかもしれない（例えば、コンピューターや機関投資家に操作されやすい銘柄など）。また、正しい銘柄を選んでも、仕掛けるタイミングが間違っているかもしれない。仕掛ける位置がよくないと、計画が台無しになり、結局、資金を失うことになる。あるいは、正しい銘柄を正しく仕掛けても、適切に手仕舞わなければ、勝ちトレードを負けトレードに変えてしまうこともある。つまり、トレードのすべてのプロセスが重要なのである。

あなたの人生のなかで、頻繁に行う大事なことが何かないだろうか。それはどうしたらうまくできるのだろうか。今はどのようにしているのだろうか。このような思考過程はトレーダーにとってとても重要だ。トレードを執行するときは、仕掛ける前もトレード中も正しいことに集中していなければならない。そこで、この思考過程をシステム化すれば、トレードを仕掛けたり管理したりするときにトレーダーが経験する悩みの多くを取り除くことができる。

ここで私の最後のデイトレードのルール11を紹介する。

ルール11──トレードで利益を上げるためには感情的になってはならない。感情的なトレーダーは資金を失うことになる。

学習と練習によって、トレードにおいて大事なことや、トレードの仕方や、スキルを上げる方法などが分かる。何が大事かが分かったら、自分が具体的にどのプロセスに集中すればよいかを考えてほしい。成功するためには、自分のための正確なプロセスを知ることがカギとな

る。多くのトレーダーは、このことを大変な方法、つまり資金を失うことで学んでいる。

　私は、トレードにおいて自分の計画とトレード手法の規律を順守した結果、普段の生活においても雪だるま式に好循環の効果があり、そのことがさらなるトレードの成功をもたらしてくれた。例えば、私は毎朝、起きるとすぐ外を走り、そのあとトレードの準備に入ることにしている。前にも書いたとおり、私はカナダのバンクーバーに住んでおり、ニューヨーク市場はバンクーバーの朝の6時30分に始まる。そのため、私は毎朝5時に置き、5時から5時45分まで、7～10キロ走る。帰宅するとシャワーを浴び、6時からトレード計画を作り始める。

　私はこれまでの経験から、トレード前に体が活性化していないと、劣った判断をしてしまうことに気づいた。有酸素運動が意思決定の過程に好ましい効果を与えることを示した科学的な研究もある。定期的に有酸素系の運動（例えば、最低30分走る）を行っている人は、神経心理学的機能や作業検査といった認知機能（注意制御、抑制制御、認識の柔軟性、作業記憶の更新と容量、情報処理のスピードなど）の測定値が高い。詳しく知りたい人は、インターネットで検索してほしい。私たちの気分は、体の状態に影響されることが多い。何をどれくらい食べたかなどといったささいなことでも違いを生むのだ。日々のトレード結果と体の状態と関連付けて記録していけば、その関係性を自分で確認できる。だからこそ、体、ひいては心をピークの状態にもっていくために、予防的な活動を始めてほしい。私は、コーヒーとアルコールと動物性食品をとるのをやめたら、パフォーマンスが格段に上がった。肉や魚（血液がある生物）を食べず、アルコールやコーヒーやタバコなど、覚醒効果があるものの摂取をやめると、呪いから解放され、人生のあらゆる側面が加速する。トレードにおいても、それまでよりも集中力が高まる。

　デイトレードにおいては、平均を超える程度では十分とは言えない。

群衆のはるか上を行かなければならないのだ。残念ながら、デイトレードには衝動的な人たちや、ギャンブラー、世界は自分のためにあると思っている人たちを引きつける傾向がある。しかし、あなたは彼らとは一線を画して、彼らのような行動をとってはならない。そうではなく、勝者の規律を身に付けるのだ。勝者は、敗者とは違う考え方や、感じ方や、行動をする。そうなるためには、幻想を捨て去って自分の内面を見つめ、それまでの生き方や考え方や行動の仕方を変えなければならない。変わることは難しいが、トレーダーとして成功したければ、新たな性格を育てていく必要があるのだ。成功するためには、動機と知識、ならびに規律が必要なのである。

2014年にニューヨーク市を訪れたとき、平日の昼休みの時間にウォール街を散歩することにした。できれば、ニューヨークの金融界を象徴する有名なチャージングブルの銅像の前で自撮り写真も撮りたかった。

平日にこの辺りを歩いている人は、ほとんどがトレーダーなど金融業界の人たちだと思う。コーヒーショップで偶然隣に座った人が、年末には200万ドルのボーナスを手にする人である可能性も高いはずだ。私は、周りの人たちの姿勢（歩き方、服装、自分を大切にしているかなど）を観察した。すると、身だしなみが整っていない人や、自信がなさそうな人や、体の具合が悪そうな人はほとんどいなかった。私は彼らを見て考えた。彼らが身だしなみが良く、自信があり、体調も良さそうなのは、成功してお金持ちだからなのか、それとも彼らは規律と自信と意欲があったから成功してお金持ちになったのか。これは卵が先かニワトリが先かのような話で本当の答えはないのかもしれないが、私は後者だと思う。私がこれまで出会った成功したトレーダーは、どんなことにも成功していた。彼らには意欲があり、自分に大いに期待し、若いころから自分ならばできると思っていた。自分が最高の存在になれると期待していたのだ。成功を重ねてきた彼らは、トレード

についても何ら変わらないと考えている。

　勝者は、敗者とは違う考え方や、感じ方や、行動をする。自分に勝者の自制力があるかどうかを知りたければ、今日、この瞬間から過去の失敗につながった習慣をやめてみればよい。体調が良くなりたいと思っていたならば、運動（例えば、走る）を日課に組み込み、塩分や糖分の摂取量を管理してみるとよい。また、コーヒーやアルコールをとりすぎている人は、１カ月間我慢できるかどうか試してみるとよい。これらのことは、負けトレードに直面したときに規律を守れるだけの精神的な強さと知的な強さを持っているかを知るための良いテストになる。コーヒーやアルコールを飲む人や毎日走らない人がトレーダーとして成功できないというわけではないが、自分を向上させるための試みに失敗した人が、トレードで自制力を発揮するのは簡単ではないかもしれない。変わるのは大変なことだが、トレーダーとして成功したいのならば、あらゆる段階でトレードに適した性格に変え、それを伸ばしていく必要がある。

　利益が上げられないトレーダーの多くは、イラついて新しい戦略やテクニカル指標を追加しようとする。彼らは、失敗の主な原因が、テクニカル的な知識不足ではなく、自分の規律のなさや、衝動的な行動や、悪い生活習慣だということに気づいていないのである。

　前にも書いたように、トレードを趣味としてとらえていては失敗する。トレードは、真剣に取り組むべきものなのだ。そのため、私は朝の５時に起き、30〜45分走り、シャワーを浴びて着替えたら朝食のオートミールを食べ、６時にトレードステーションを起動する。そして、ウオッチリストを作り始めるときにはしっかりと目覚め、機敏な状態になり、動機も高まっている。この朝のルーティンは、マーケットに向かう精神的な準備を整えるうえで驚くほど助けになっている。何をするときでも、このような朝の時間に投資すれば、計り知れないほどの配当が得られるだろう。トレードを始める15分前に起きて顔を洗っ

ただけでは十分な準備はできない。また、寝間着や下着のままパソコンの前に座っても、マーケットに立ち向かうための正しい精神状態にはなれない。私自身も、かつてやっていたからよく分かる。

　私のウオッチリストは、ある特定のスキャナーを使って毎朝作成している。このスキャナーは、私にとって最高のチャンスを示してくれると確信しているため、それ以外は使っていない。スキャナーが示した銘柄は１つ１つ、チェックリストを使って同じ方法で入念に調べ、実際にトレード可能かどうか判断していく。ウオッチリストは、６時15分には完成し、そのあとは何も追加しない。新しい銘柄を調べてトレード計画を立てる十分な時間がとれないからだ。マーケットが開くまでの15分間は、ウオッチリストの銘柄の値動きを見て過ごす。そうすることが、私の手順の次のステップにつながる。

　この15分間に、私はそれぞれの銘柄のプライスアクションを見ながら、トレード計画を立てていく。ここが最も難しいところで、経験と知識と学習が必要だし、多くのトレーダーが失敗するところでもある。６時30分（ニューヨーク時間の９時30分）に取引開始のベルが鳴ると、私はトレード計画を書いたカードを手元に置く。カードに書くのは、取引開始までに観察したことを忘れないようにするためだ。買いのセットアップができたときの計画はどうだったか。どのようなセットアップができるのを待っているのか。利益目標はどれくらいか。どこに損切りを置くか。トレードに見合う利益が期待できるか。このようなことを考えながらトレード計画を立てると、納得のいく計画になって順守しやすくなるため、大きなメリットがある。また、計画は書いて手元に置いておけば、簡単に見ることができるため、かつては取引開始のベルを聞くと感じていた不安も取り除いてくれる。マーケットが開いたら、私はトレードを仕掛けるためシグナルやトリガーをただ待っている。

　先のサレプタ・セラピューティックスの例では、取引開始前に14.5

％の窓が下に空いていた（図8.1）。この銘柄を買おうという人があまりいないことは分かっていた。オーバーナイトで15％近く下に窓を空けた銘柄を買おうとする人はいないからだ。ほとんどの投資家はまるでこの会社に何か深刻な問題でもあったかのように、さらに下げる前に売ろうとするだろう。近くに支持線や抵抗線も見つからなかった。そこで、私はＶＷＡＰを観察して、ＶＷＡＰを使った空売りを計画した（図8.2）。

　セットアップができて、シグナルがあり、仕掛けのトリガーがあれば、私は迷わず仕掛ける（それが計画だ）。たまには後悔することもあるが、さほど頻繁ではない。トレード計画には利益目標や損切りに使うテクニカル水準なども書いてあるため、仕掛けたあとはそれらのポイントに達するかどうかと、利益を記録することに集中する。トレーダーのなかには、どこで手仕舞うべきかの判断が最も難しいと言う人もいる。事前の計画がなければ、早めに手仕舞わないようにするのは非常に難しいかもしれない。しかし、先に計画を立ててそれを順守すれば勝ちトレードの利益を伸ばし、負けトレードを素早く損切りすることができる（計画がなければ逆になりかねない）。また、計画はトレード中の感情を抑制する助けにもなる。最近、私は教え子と雑音を排除することについて話をしたが、計画はその助けにも大いになるため、トレードに集中することができるようになる。

　トレードが終わったら、計画自体の良し悪しと、どこまで順守できたかを評価する。この作業は、夜にその日のトレードを見直したり、まとめたりするときに行う。多くのトレーダーがこの見直すという大事な作業を忘れていると思う。「どこが正しかったのか」「どこが間違っていたのか」「もっと早く売るべきだったのか」といったことは、トレード戦略を開発するうえでどれも極めて大事な課題である。大きな利益を上げたというだけで、完璧なトレーダーとはいえない。どちらのサイドもうまくプレーすることが極めて重要なのである。各トレード

について、気づいたことを書面か動画に残して、過去の教訓とともにファイルし、将来の参考にしてほしい。なかには手厳しい教訓もあるかもしれないが、時間とともに向上していくことは間違いない。1回ドアに手をはさめば、次はもっと気を付けなければならないと痛感するが、暗い家に入るときは最初に電気をつけるべきだと学ぶのは2～3回失敗してからかもしれない。

　なぜ、トレードではこのような過程が必要なのだろうか。それは、トレードをどのように準備し、執行するときに何に注目すべきかが分かるからだ。それによって、感情や社会の騒音を排除し、勝ちトレードをより成功させる可能性を高めてくれる。また、これは過去のトレードを見直して次のトレードに反映するためのツールとなって、より良いトレーダーになる手助けをしてくれる。正しい手順に正しい方法で集中すれば、トレードで成功するための道を自分で作っていけるのである。

第9章 新人トレーダーの次のステップ

Next Steps for Beginner Traders

デイトレードの成功は、次の3つの重要なスキルに基づいている。

1. 買い手と売り手の力関係を常に分析し、勝っているほうに賭ける（第6章）。
2. 優れた資金管理とトレード管理を行う（第3章）。
3. 自分のトレード計画を順守し、マーケットの動きに過度に一喜一憂せず、感情に任せて判断したくなる衝動を抑えるための十分な規律を持つ。

デイトレードの7つの必須事項

安定的に利益を上げることができるトレーダーになるためには、トレードを始める前に次の7つの必須事項に従って基本的な手順を踏まなければならない。いくつかのことは、各トレードの前とあとに必ず行う必要がある。

1. 勉強とシミュレーターを使ったトレード
2. 準備
3. 決意と勤勉さ

4．忍耐

5．規律

6．メンターとトレード仲間

7．反省と見直し

勉強とシミュレーションを使ったトレード

　ここまで本書を読んできたあなたは、デイトレードが自分に向いているかどうかが以前よりもよく分かってきたと思う。デイトレードには特定の考え方と、規律と、みんなが持っているわけではないいくつかのスキルが必要になる。面白いことに、私の知り合いのトレーダーのほとんどがポーカーをしている。彼らは、ポーカーの投機性と刺激を楽しんでいるのだ。ただ、ポーカーはギャンブルの一種だが、デイトレードは違う。デイトレードは科学であり、技術であり、職業であり、ギャンブルとはまったく別ものだ。これは、株を売買する真剣な仕事で、時には秒単位でそれを行うこともある。デイトレーダーは、感情をはさんだり躊躇したりせずに、素早く判断を下さなければならない。それをしなければ、大金を失うことになるからだ。

　デイトレーダーになるという決意を固めたなら、次のステップは適切に学ぶことである。本書は、デイトレードに必要な基本的な知識を伝えているが、安定的に利益を上げるトレーダーになるまでにはまだ長い道のりが待っている。本を読んだだけでは機械工になれない。本を読んだり応急手当を習ったりしただけでは手術はできない。それと同じで、本書に書いたことはトレーダーとしての基本で、そこから学びを重ねていかなければトレードの成功はない。本書で簡単なセットアップを紹介しているのは、デイトレードがどんなものかを知ってもらうためで、本書1冊でトレードできるようになるということではまったくない。あなたは、まだトレーダーではないし、そこに近づいて

196

すらいないのである。

このあとは、たくさんの本を読むことと、ネットや直接指導のデイトレード講習を受けることを勧める。新人トレーダーは、インターネットで最高のトレーダーを探そうとする人が多い。最も経験豊富なトレーダーから学ぶのが最善策だと思っているからだ。しかし私は、新人トレーダーは最高の「先生」を探すべきだと思う。ここには大きな違いがある。一流トレーダーのなかにはとっつきにくい人もいれば、人付き合いがうまくない人もいる一方で、安定的に利益を上げていてもトップ10には入らないトレーダーが、教えたり伝えたりすることにかけては一級の能力を持っていたり、素晴らしいメンターになる場合もある。新人トレーダーに必要なのは最高の先生なのである。最高のトレーダーになるために、最高のトレーダーに習う必要はない。プロスポーツの優秀なコーチのなかには、スーパースタープレーヤーではなかった人がたくさんいる。彼らは、そのスポーツについてよく知ったうえで、教え、育てることに情熱を持っている。偉大なトレーダーになるために必要なスキルと、効果的なトレードコーチになるためのスキルは別なのである。スタートレーダーになるためには、優れたパターン認識力と規律が必要だ。一方、効果的なトレードコーチは、より良い教え方にこだわり、忍耐力があり、単純で分かりやすい言葉で明確かつ効果的に伝えることができる。彼らは、教えたい手法を分かりやすく伝えることができるのだ。それに、偉大なトレーダーの多くは、最高の訓練プログラムを作る金銭的な動機があまりない。

シミュレーターでのトレード

デイトレードで最初から本当のお金を使ってトレードすることは、絶対にしてはならない。まずは、実際のマーケットデータを使ったシミュレーション口座を提供してくれる証券会社と契約してほしい。なか

197

には、少し遅れてデータを提供しているところもあるが、それは使わない。リアルタイムで判断を下す練習をすべきだからだ。シミュレーションソフトの多くは有料なので、そのためのお金も用意しておく必要がある。トレーダーが集うトレードルームやトレード教室などの多くもシミュレーション口座を提供している。私自身は、DASトレーダーが月120ドル（本書執筆時点で）で提供しているシミュレーション口座がお勧めだと思う。詳細は、彼らのウェブサイト（http://www.dastrader.com）を見るか、担当部署（support@dastrader.com）に問い合わせてほしい。DASについては、頼まれもしていないし、報酬をもらったわけでもないのにいろいろ推奨してきたが、このくらいにしておこう。

　もしシミュレーション口座を6カ月間使って、そのなかだけでトレードをすれば、費用は720ドルですみ、これは適切な教育費と言える。もし真剣にデイトレードを仕事にしようと思っているならば、新たに専門職に就くための費用としてはかなり安いと思う。例えば、MBA（経営学修士）を修得するには軽く5万ドル以上かかる。同様に、それ以外の免許や大学院以上の勉強のための費用も、デイトレードのそれよりはるかに高い。

　シミュレーション口座を確保したら、トレード戦略を立てる必要がある。本書で紹介したもののなかから、自分の性格や使える時間帯やトレード用プラットフォームに合う戦略を1つか2つ選んで練習を積んでほしい。トレード戦略は、どれかが最も優れているというものではない。たくさんの車があるなかで、どれが最高とは言えないのと同じことだ。ただし、あなたにとって最高の車というのはあるかもしれない。VWAP戦略や支持線・抵抗線戦略、オープンレンジブレイクアウト戦略などは、私にとって簡単で好きな戦略だ。トレード戦略は、2つか3つをしっかりとマスターすれば、マーケットで安定的に利益を上げられるようになる。たくさんの戦略をマスターする必要ない。た

だ、堅実な戦略をしっかりと使いこなせるようになっても、それに固執してはならない。その練習を続けるとともに、次の戦略の練習も始めるだけでなく、それらの戦略でトレードサイズを大きくしていく練習も欠かせない。

シミュレーション口座を使った練習は、実際にトレードするつもりの金額で行う。練習ならば簡単に10万ドルで仕掛け、数秒で半分失うなどということもできる。しかし、自分の資金でこのような損失を許容できるだろうか。それは到底、無理だろう。本当にそうなったら、おそらく感情的になって、慌てて判断し、傷口を広げることになる。シミュレーション口座でトレードするときは、必ず実際のトレードと同じサイズやポジションで行うべきである。そうしなければ、シミュレーション口座で練習する意味がない。また、ここで最低でも３カ月は練習したあと、実際の口座でトレードを始めるときは、少額から始める。そして、学んでいる間やストレスを感じている間は、少額でのトレードを続ける。その間に、私と話したり、アドバイスを受けたり、質問したりしたくなったら、チャットルームを通じて連絡してほしい。

新人トレーダーの多くが、勉強の過程をはしょって資金を失い、デイトレードをあきらめ、デイトレードで稼ぐのは不可能だなどと言うようになる。しかし、進歩は小さなステップの積み重ねなのである。デイトレードでの成功も、１歩ずつ進んでいくしかない。１つのことをマスターし、それができてから初めて次の１歩を踏み出してほしい。

ほとんどのトレーダーが、トレードを始めてすぐは苦労するし、朝に十分な準備時間が取れない人も多い。しかし、初めの段階で十分時間を割ける人のほうが、成功する可能性は高い。それでは、安定的に利益が上がるようになるまでにはどれくらいかかるのだろうか。私は少なくとも３〜４カ月以上はかかると思う。つもり売買を４カ月間続けたあと、少なくとも３カ月は少額の本当のお金でトレードして感情と規律と保守的な資金管理を練習して身に付ける必要があるからだ。

199

それをすれば、6カ月後にはトレーダーとして十分経験を積めるかもしれない。しかし、さらに2カ月練習すれば、8カ月後にはおそらくもっと向上しているだろう。12カ月後ならばなおさらだ。あなたには、この学習過程をたどる忍耐力があるだろうか。そこまでしてこの仕事をしたいだろうか。もしそうならば、耐えられるだろう。あとは、デイトレードを仕事とするために、これだけの学びの時間をとれるだろうか。

　本やオンラインコースやウェブサイトで、1日目からトレードで稼げるようになるなどとうたった宣伝文句を見ると、笑ってしまう。こんな広告を信じる人がいるのだろうか。

　利益を上げられるようになるためには、理にかなったプロセス指向の目的を掲げる必要がある。例えば、「デイトレードの方法を学びたい、でも今はまだこれで生計を立てようとは思わない」といったようなことだ。ただ、少なくとも最初の2年間は、具体的な収入を設定してはならない。これはとても大事なことだ。多くのトレーダーが100万ドル稼ぐとか、カリブ海沿いの家でトレードして暮らすなどといった夢を抱いている。夢は動機としては悪くないが、トレードが上達するために今日や明日集中すべきことの邪魔になる。新人トレーダーがコントロールできることは、トレードプロセス、つまり、堅実なトレード判断を下し、執行することしかない。日々の目標は、儲けることではなく、正しくトレードすることである。マーケットに常にある不確実性は、必ずどこかの時点で負けトレードを生むからだ。

　私はよく、ニューヨーク時間の9時から5時に別の仕事をしながらフルタイムのトレーダーを目指すにはどうすればよいかという質問を新人トレーダーから受けるが、その答えはない。もしニューヨークタイムの9時30分〜11時30分にリアルタイムでトレードできなければ、おそらくフルタイムのトレーダーになることはできないと思う。丸1日トレードをする必要はないが、最低でも寄り付きから2時間は張り付

いたほうがよい。どうしてもという場合でも、最初の1時間（ニューヨーク時間の9時30分〜10時30分）のトレードと練習に加えてマーケットが開く前の準備時間は絶対に削れない。私はときどき9時45分にはその日の目標額に達してトレードを終えることもあるが、もっと長い時間チャンスを求めてマーケットを観察しなければならない日もある。あなたの仕事と生活のスケジュールのなかで、このような柔軟な対応が可能だろうか。

　私がデイトレードを始めたとき、私は定職についていなかった。しかし、デイトレードで貯金が減ってくると、生活のために仕事を探さざるを得なくなった。幸い、私はバンクーバー（つまり、太平洋時間の地域）に住んでいるため、朝6時30〜8時30分にトレードの練習をしたあと9時から働くことができた。もしそれができないならば、スイングトレードのほうが適しているのかもしれない。ただ、スイングトレードで生計を立てるのは、もっと難しい。一流のスイングトレーダーは、年率20％の利益が期待できる。一方、一流のデイトレーダーは、1日で0.5〜1％の利益が期待できるのである。ちなみに、デイトレードやスイングトレードの練習に十分な時間がとれない人でも、週5日24時間開いている通貨市場（FX）や、商品先物市場ならばトレードできるかもしれない。ただし、スイングトレードやFXトレードはデイトレードとはいろんな点で違うため、本書は役に立たない。

　トレードの勉強は常に続け、トレード戦略に反映させていく必要がある。株式市場について学ぶのをやめてはならない。マーケットは動的な環境で、常に変化している。デイトレードも10年前とはずいぶん変わったし、10年後はさらに変わっているだろう。そのため、常に本を読み、自分の進歩やパフォーマンスについてメンターやほかのトレーダーと話をするとよい。いつも先を見据えて、向上心と勝者の姿勢を持ち続けてほしい。

　とはいえ、できるだけたくさん学びつつも、すべて（本書を含めて）

201

について健全な懐疑心も持ち続けてほしい。専門家の言うことをうのみにしないで、疑問を持ったら質問する。安定的に利益を上げているトレーダーは、自分のトレードシステムを常に見直している。彼らは毎月、毎日どころか日中でもシステムを調整することがある。状況は毎日違うからだ。これはトレードスキルと規律と感情の抑制を継続的に向上し、調整していくことなのである。そうすることがデイトレードで生計を立てることにつながっていく。

　安定的に利益を上げているトレーダーは、トレードの基本を学び、どうすれば考え抜いた賢いトレードができるかを学んでいる。そして、利益のことよりも、合理的な行動をすることに集中している。一方、素人は毎日、儲けることばかり考えている。しかし、このような思考こそが最大の敵なのである。私は、トレーダーとして常に利益のことばかり考えているわけではない。私の最大のポイントは「正しくトレードすること」である。私は優れたリスク・リワード・レシオのチャンスを探し、それをトレードする。良いトレードは、スキルを身に付け、本質的に良いチャンスを見つけることができるようになった結果であり、利益は基本的に堅実なトレードを執行したことの副産物なのである。

　新人トレーダーは、常に損益を気にしている。しかし、損益はトレード用プラットフォームのなかで、最も感情を乱す項目なのである。プラス250ドル、マイナス475ドル、プラス1100ドルなどといった数字は、見るたびに非合理的な判断を誘うことになる。私もかつては損益がマイナスになるとパニックを起こし、計画どおりの有効なポジションを慌てて手仕舞ったことがあった。あるいは、欲に駆られて目標値に達していないのに、含み益の出ているポジションを利食いしてしまうこともよくあった。そこで、私は自分のために損益の列を表示しないことにした。テクニカルの水準とトレード計画のみに基づいてトレードするのだ。私は、今もリアルタイムで損益がどうなっているのかを見

ないでトレードしている。

初心者が本当のお金でトレードし始めたとき、損益はあまり重要ではない。少額のトレードならばなおさらだ。たいていのトレード用プラットフォームには、リアルタイムの損益を非表示にする選択肢がある。もしその選択肢がなければ、粘着テープや濃い色のマスキングテープを画面に貼って損益が見えないようにしてもよい。初心者の目標は、利益を上げることではなく、トレードスキルを上げることなのである。毎日、トレードごとにスキルが上がるように集中しなければならない。そうすることが、トレードで生計を立てることにつながっていく。次のレベルを目指してさらなる成功をつかんでほしい。

準備

アメリカの元バスケットボール選手で、コーチとなってからはウエストウッドの魔法使いとして知られたジョン・ウッデンが、あるとき「無計画とは失敗するための計画だ」と語った。本当にそのとおりだ。

デイトレードの準備には2つのプロセスがある。

1. マーケットが開く前にしなければならない準備（前夜、もしくはニューヨーク時間の8時〜9時30分）。
2. トレードする前に持っておくべき具体的なトレード情報。

その作業に間に合うように起きて、パソコンの前に座らなければならない。

まず、スキャナーを見ながら、その日トレードしたい銘柄のリストを作る。そして、フィンビズ（https://www.finviz.com/）かブリーフィング（https://www.briefing.com/）でそれらの銘柄が窓を空けたファンダメンタルズ的なきっかけを探す。また、日々の出来高や日中の

価格レンジ、空売り残高などの情報を集める。次に、日足チャートを見て重要な支持線や抵抗線を探す。私は、インプレー銘柄の平均出来高やATR（アベレージトゥルーレンジ。真の値幅の平均）、重要なテクニカルの水準、空売り残高、最新ニュースを見たうえでしかトレードしない。

次は、ウオッチリストを2〜3銘柄に絞り込む。決算発表の時期は、インプレー銘柄の選択肢がかなり増える。ただ、1日に注目する銘柄は2つか3つにしておく。たくさんの銘柄を観察してうまくトレードできないよりも、1つか2つの銘柄をうまくトレードするほうが、利益ははるかに多くなる。

株価の観察は、早く始めるほどよい。ニュースを見るなどして最高のインプレー銘柄を探すことができるからだ。準備の時間を長くとれば、急いでいたら気づかなかった銘柄が見つかるかもしれない。それに、時間に余裕があれば、自分の選んだ銘柄についてトレード仲間に意見を聞いてフィードバックを得ることもできる。プロのトレーダーはほとんどがニューヨーク時間の7時30分までに出社している。経験豊富なトレーダーで、強力なコミュニティーと強力なスキャナーを持っている人ならばもう少し遅いかもしれないが、真剣なトレーダーのほとんどは9時には席についている。あとは、体を整え、朝のストレッチをしながら十分な水分補給を行い、カフェインはとりすぎないようにしてほしい。

プレマーケットの動きを観察することも大事だ。ときどき、この時間帯にニュース速報でチャンスが訪れ、素早く儲けるチャンスがあるからだ。それに、この時間帯の動きを観察することで、価値ある情報が得られることもある。ウオッチリストの銘柄の価格帯を把握し、日足の支持線や抵抗線のレベルを見つけ、出来高も確認しておくとよい。

新人トレーダーの多くが、トレード戦略はいつもの2〜3のルールさえ押さえておけば利益が出ると思っているが、それは間違いだ。ト

第9章　新人トレーダーの次のステップ

レードに「いつも」はないのである。トレードは1つずつ状況が違う。トレードはどれも解決すべき新しいパズルであり、マーケットのパズルに万能の答えはない。そのため、プレマーケットの時間帯にスキャニングをしながら、できるだけ早くトレードごとの計画を立てていく必要がある。トレードを執行する前に、トレード計画を立てるか、一連のif-then文を用意しておくのだ。ウオッチリストの銘柄のポジションをとるときに備えて、計画を立て、もしXというシナリオになったら、この価格で買うといった具合に、起こり得る状況に備えて「if-then」シナリオを作っていくのである。

　例えば、**図9.1**と**図9.2**を見てほしい。2017年3月7日、あなたはディックス・スポーティング・グッズ（DKS）の株をトレードしようと計画している。株価は、不本意な決算発表を受けてプレマーケットで下に窓を空け、50.50ドル近辺を推移している。これはインプレー銘柄かもしれない。

　選んだ銘柄について、**図9.2**のように異なる展開を、いくつかのif-thenシナリオで考えてみてほしい。

- もし（if）、株価が寄り付きから15分間でVWAPを上抜くことができなければ、（then）空売りして前日の終値の48.10ドルまで保有する。
- もし（if）、株価が前日の終値の48.10ドルまで下落したら、（then）反転したところで買ってVWAPまで保有する。
- もし（if）、株価がVWAPを大きい出来高で上抜いたら、（then）買ってモメンタムに乗り、次の抵抗線の53.25ドルで売る。
- もし（if）、株価がこの日足の重要な水準の53.25ドルを上抜いたら、（then）再び買って、次の重要な水準の55.50ドル（**図9.2**には表示されていない）まで保有する。
- その一方で、もし（if）株価が53.25ドルまで上昇してもそこが強力な抵抗線になっていれば、（then）空売りしてVWAPで買い戻す。

205

図9.1　2017年3月7日6時（ニューヨーク時間の9時）のウオッチリスト。DKSも含まれている

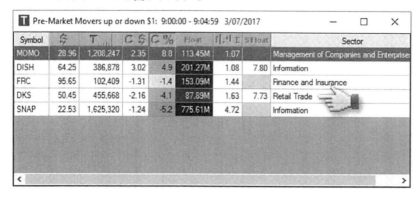

図9.2　DKSのプレマーケットの5分足チャートに私のif-thenメモを書き入れたもの（マーケットはニューヨーク時間の9時30分に開く）

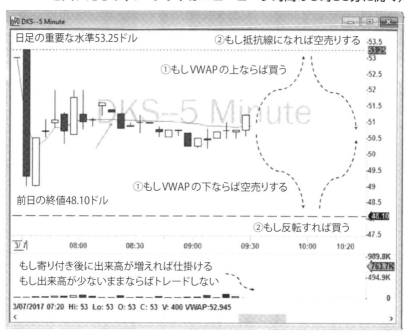

これらの文は、トレードを始めてすぐの時期は、必ず実行できるよう実際に書いておくとよい。しかし、シミュレーション口座で何カ月かトレードしていくと、頭のなかでこれらを素早く想定し、思い返すことができるようになる。このように、トレード戦略のif-thenシナリオを練習して情報を素早く処理できるようになることは、シミュレーターを使う最も重要な効果の1つと言える。仕事としてデイトレードを始める前に、ライブと同じ環境のシミュレーターで3～6カ月の練習が欠かせない理由はここにある。私たちのような日中のトレーダーは、1日ごとにその日の展開を考えているのである。

ちなみに、先のDKSの株価は、実際には寄り付きで弱含んだため（VWAPを下抜いた）、前日の終値の48.10ドルを目指して良い空売りができた（**図9.3**）。そのあとはすぐに前日の終値で買い、VWAPまで小さく反転する間、保有した。

勤勉

デイトレードにおける勤勉は、あなたの想像とは違うかもしれない。トレーダーは、投資銀行の社員や企業弁護士やそのほかの高報酬のプロのように週に120時間も仕事をしてはならない。私たちデイトレーダーには、年末のボーナスなど関係ないからだ。デイトレーダーに最も似ているのは、もしかしたら日々の結果で評価されるプロのアスリートかもしれない。そのうえで言えば、デイトレーダーは毎日欠かさず、安定的かつ生産的かつ懸命にトレードに取り組む必要がある。ただ、デイトレードにおける懸命さというのは、トレード画面に集中し、重要なマーケット情報を集め、次のような点を常に念頭に置いて素早く答えを見つけながら、毎日数時間を過ごすということである。

図9.3　2017年3月7日のDKSの5分足チャートとこの日の利益（下の表のDKSの2行、2列目が実現利益）

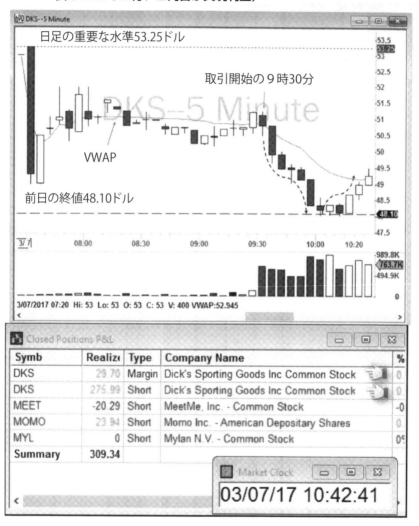

- 買い手と売り手のどちらが株価を支配しているか。
- どのテクニカル水準が最も重要か。
- この銘柄は株式市場全体と比べて強いのか、弱いのか。

第9章　新人トレーダーの次のステップ

● 出来高が多いのはどの辺りか。VWAP近辺か、最初の5分間か、それとも移動平均近辺か。
● どれくらいの出来高になると株価は上や下に動いているか。
● ビッド・アスク・スプレッドはどれくらいか。トレード可能か。
● 株価の動きの速さはどれくらいか。プライスアクションはなめらかか、ちゃぶついているか、それともトレードごとに激しく変動しているか。
● 5分足チャートに特定のパターンはあるか。1分足チャートはどうか。

　これらは、私がいつも考えていることの一部で、答えを出してからトレードすることにしている。どのようなトレードでも、これらの情報を集めてから行ってほしい。それが勤勉ということだ。もう分かったと思うが、デイトレードは、勤勉さを必要とする真剣な知的追求なのである。ルール2を思い出してほしい。

　デイトレードは、実際に資金を使って行う場合でも、シミュレーターで行う場合でも、毎朝欠かさず行うという習慣を身に付けてほしい。毎日、プレマーケットを含めて支持線や抵抗線の水準を探すことは、トレードにおいて長期的な恩恵がある。いくつか失敗トレードが続いてパソコンの電源を早目に落としてしまうのは、本当に頭を休める必要があるまれなケースだけにすべきだ。損失が重なったときは、シミュレーターでしばらくトレードすると、十分頭が切り替わる。また、新人トレーダーがシミュレーターでトレードするときは、マーケットが閉まるまで練習を続けてほしい。シミュレーターでのトレードは本当のお金でトレードするのに比べてストレスがはるかに小さいので、それができる。ただ、シミュレーターは手数料や損益がないからといってトレードをしすぎてはならない。どのようなときでも、堅実な戦略と、優れたリスク・リワードのチャンスだけに集中する必要がある。

209

「トレードを始めて最初の何カ月かで、自分には無理だと思ったことはないのか」という質問も受ける。もちろん「何回も思った」。今でも大きな損失が続いてイラ立ち、デイトレードをやめてしまおうと思うことが月に最低1回はある。トレードをやめたくなることは頻繁にあるし、そのときはデイトレードなど不可能だという伝説を信じている。しかし、私はやめなかった。トレーダーとして成功し、それによって得られるライフスタイルと自由を心から欲していたからだ。だからこそ、自分の失敗の代償として、集中してトレードを学び、困難な学習過程を少しずつ乗り越えていくことができたと思っている。

忍耐

安定的に利益を上げられるトレーダーになるためには勤勉さと、十分な準備と、かなりの忍耐が必要となる。成功しているトレーダーは、簡単に成功したように見えるが、実際にはデイトレードをしたことがない人の想像をはるかに超える忍耐と勤勉さをもって臨んでいる。

デイトレードでは観察し、さらに観察し、観察を続けていかなければならない。もし観察している銘柄が素晴らしいリスク・リワードのチャンスを提供してくれなければ、次に行く。ウオッチリストのほかの銘柄を注視するのだ。安定的に利益を上げているトレーダーは、トレード時間の多くを優れたリスク・リワードのチャンスを探し、観察することに使っている。

成功しているトレーダーは、忍耐力があり、すぐ仕掛けたくなる衝動に耐えることができる。トレーダーは、安心して、自信を持って仕掛けられるチャンスを待たなければならない。強含んでいるから買ったり弱含んでいるから空売りしたりする、というだけでは不十分なのである。また、仕掛ける価格も非常に重要だ。ポジションを持つときは、最高のリスク・リワードのチャンスになる価格で仕掛けなければ

210

ならない。強含んでいてもリスク・リワードが悪くなっていれば仕掛けてはならないということで、これが前にも書いた「株価を追いかける」ということである。

　例えば、株価が支持線を下抜いたら、空売りのチャンスになるが、それを逃したとする。これが最初の間違いだ。しかし、そこでイラ立ってその支持線よりもかなり下で空売りしたら、それは価格を追いかけて、さらに大きな間違いを犯すことになる。これはデイトレードにおいては許されない罪である。チャンスを逃しても損失はないが（機会損失のみ）、価格を追いかけたら実損が出る。1つの間違いにつられてさらなる間違いを犯すことで資金を失わないようにしてほしい。

規律

　トレードの成功は、スキルの向上と規律がもたらす。トレードの原則は簡単だし、デイトレードの戦略も非常に単純だ。私は化学工学の博士号を修得して、かつては世界的な機関で研究員として働いていた。ナノテクノロジーや複雑な分子レベルのリサーチに関する複数の学術論文が影響力の大きい一流の科学雑誌に掲載されたこともある。つまり、極めて難しい概念を勉強し、理解した経験から言って、デイトレードは、少なくとも理論的には簡単だ。

　それでもデイトレードやそのほかのトレードが難しいのは、規律と規律を必要とするところである。規律がなければ、どんなトレードスタイルでも、どれだけ時間をかけても、どこの国でも、あなたがトレードしているマーケットでも、利益を上げることはできない。

　マーケットで利益を上げることができない新人トレーダーのなかには、マーケットの仕組みや新しい戦略を学んだり、テクニカル指標を増やしたり、それまでとは別のトレーダーのまねをしたり、別のチャットルームに参加したりしてスキルを上げようとする人がいる。しか

211

し、彼らは失敗の理由がテクニカルな知識がないことではなく、規律がないために衝動的な判断を下したり、リスクや資金の管理がおろそかになったりしているからだということが分かっていない。

プロのトレーダーの多くは、個人の小口トレーダーよりもはるかに高いパフォーマンスを上げている。ちなみに、個人トレーダーの多くは大学出の教養のある人たちで、事業主や専門職についている人も多い。一方、多くのプロのトレーダーたちは、大学ではラグビーに明け暮れて、本を何年も読んでいないような20代の騒がしくて無鉄砲な連中である。それなのに、なぜ彼らが何年も続けて個人トレーダーよりも高いパフォーマンスを上げているのだろうか。それは、彼らが若いからでも、賢いからでも、素早いからでもない。また、訓練やプラットフォームの違いでもない。小口トレーダーもほぼ同じツールを使っているからだ。違いを生んでいるのは、会社が厳格な規律を強要しているからなのである。

プロのトレーダーとして成功した人のなかには、「自分の力で稼いだ利益をなぜ会社と分け合わなければならないのか」と思うようになって独立する人もいるが、個人トレーダーになるとたいていは資金を失っている。彼らは会社で使っていたのと同じソフトウェアと同じプラットフォームを使い、同じシステムで同じ相手とトレードしているのに、失敗するのだ。そして何カ月かたつと、再びトレーダーの職を探し始める。なぜ彼らは会社のためには利益を上げられるのに、自分のためには利益を上げられないのだろうか。

答えは規律である。

プロのトレーダーは、会社を辞めると、上司や厳格なリスク管理のルールに縛られなくなる。会社では、リスクの限度を超えたトレーダーは即刻解雇される。独立したトレーダーは、トレードの仕方は知っていても、規律は外部から課されていたため、トレーダーの内面に規律が育っていないことが多いのだ。そのため、管理してくれる上司が

第9章　新人トレーダーの次のステップ

いなくなると、たちまち資金を失ってしまうのである。

　私たちのような個人の小口トレーダーは、トレードの途中でも簡単にルールを破ったり計画を変えたりできる。負けトレードにナンピンしても、自分の決めたルールをいつ破っても、だれも気づかない。一方、トレード会社の管理職は、トレーダーがルールを破って衝動的にトレードしたら、2回目は即刻クビにする。そうすることで、プロのトレーダーは真剣に規律を守るようになるからだ。厳格な外部の規律が、プロのトレーダーの深刻な損失と大罪（例えば、負けトレードにナンピンをすること）を防いでいる一方で、それが多くの個人トレーダーを破綻させているのである。

　規律とは、トレード計画を実行し、トレードの途中で損切りを変えないことである。また、規律とは毎回、詳細な計画をそのとおりに実行することである。もし、VWAPで買ってVWAPを下にブレイクしたら損切りする計画ならば、ブレイクしたときは即座にその損失を受け入れて手仕舞わなければならない。

　ただ、もし間違ったときは自分の決定に固執しないようにする。意地を張ってもマーケットは報いてはくれない。あなたが株価の動きに何を望んでも、マーケットには関係のないことなのだ。トレーダーは、マーケットに適応し、マーケットが望むことに合わせていかなければならない。デイトレードとはそういうもので、それは今後も変わらない。

　先の例のように、トレード計画に従って損切りを受け入れて手仕舞ったすぐあとで、株価が反転して再び上昇し始めるようなことはよくある。実際、このようなことは、トレードをしていれば、この先も頻繁に起こるだろう。しかし、次の2つの点を常に留意してほしい。

1．個々のトレード結果で、トレード戦略を判断してはならない。規律をもって計画を執行していけば、長期的には成功する。堅実な

213

良い計画でも、突然どこかのヘッジファンドがあなたのトレードしている株を大量に売ることにしたため、株価が急落してあなたが損切りに遭うということはよくある。間違ったことを何もしていなくても、マーケットは予想ができないところなのである。時には、マーケットの不確実性によって赤字に陥ることもあるかもしれない。

2. プロのトレーダーは、損失を受け入れて手仕舞う。そして、計画を見直し、新たなif-thenシナリオを追加する。再び仕掛けることはいつでもできる。ほとんどの証券会社は手数料が安いので、プロは株価が望む方向に向かう前に何回も仕掛けてみるのだ。

トレードをすると、自分自身のことや、自分の精神的な弱さや、自分の強みがよく分かる。そのことだけでも、トレードは人生の価値ある経験だと思う。

メンターとトレード仲間

『悩めるトレーダーのためのメンタルコーチ術』（パンローリング）や『ザ・サイコロジー・オブ・トレーディング（The Psychology of Trading）』といった素晴らしい本を書いているブレット・スティーンバーガー博士は、次のように書いている。

「もし私が今持っている知識を使ってフルタイムでトレードを始めるとしたら、プロップファームに入るか、少数の同じような考えのトレーダーをオンラインで結んでリアルタイムの『仮想トレードグループ』を組織すると決めている」

つまり、トレードという仕事に付加価値を与える人たちがいるグループに入る必要があるということだ。トレードに関する質問はだれに聞けばよいのだろうか。私は、トレーダーのコミュニティーに参加す

ることを勧める。1人でトレードするのは非常に難しく、精神的にまいってしまうかもしれない。そんなとき、トレーダーのコミュニティーに参加して、質問したり、話をしたり、新しい手法や戦略を学んだり、株式市場に関するヒントや警告を得たり、自分も貢献したりすることで大いに助けられる。もし私たちのチャットルームに入れば、私が頻繁に損失を出していることが分かる。損をしているのが自分だけでないことを知れば、とても楽になる。経験豊富なトレーダーでも、損失を出すことはある。前にも書いたように、これもすべてトレードの過程の1つなのである。

インターネット上には、だれでも参加できるチャットルームがたくさんある。これらは無料のものもあるが、多くは手数料がかかる。私の会社のチャットルームでは、私がトレードを公開しており、私のプラットフォームとスキャナーをリアルタイムで見ながら戦略の説明を聞き、トレードの過程をすべて見たり聞いたりできるようになっている。もちろん、私たちのコミュニティーに参加しても、私たちと一緒のトレードをする必要はない。

ただ、私たちのチャットルーム（https://www.bearbulltraders.com/）やそれ以外のどのコミュニティーに参加した場合でも、みんなに追従したり、管理者の言うとおりにトレードしたりするのではなく、自分で考えてほしい。多くの人は群衆の一部になると変わってしまう。疑問を持たなくなり、衝動的になり、不安げにリーダーを探してまねしようとする。自分で考えないで、群衆と一緒に反応するのだ。チャットルームの参加者が同じトレンドに乗っていれば、それが反転すればみんな一緒にやられてしまう。成功するトレーダーは、自分の頭で考えるということをけっして忘れてはならない。自分の判断に基づいて、いつトレードするかしないかを決めてほしい。

また、トレードのメンターをぜひ見つけてほしい。良いメンターは、仕事としてトレードをしていくうえで、さまざまな面において前向き

な影響を与えてくれる。今日のアルゴリズムトレードや高ボラティリティの環境のなかで、新人トレーダーが学習過程を乗り越えるのははるかに難しくなっている。そのなかで、優れたメンターの効果は大きい。メンターは、成功するために欠かせないプロ意識を示してくれる。また、あなたのなかに眠っている才能を見つける手助けもしてくれる。時には、「あなたならできる」という言葉だけで十分なこともある。オンラインのトレーダーのコミュニティーでは、経験豊富なトレーダーが、新人トレーダーのメンターになってくれることもある。これは有料の場合もあるが、無料のことが多いと思う。私も何人かのトレーダーのメンターをすることがあり、もちろん私自身にもずっとメンターがいる。ただ、大事なことはあなたがメンターを受け入れ、話を聞き、成功するために必要なことをきちんと実行することで、そうでなければメンターの効果は得られないということも覚えておいてほしい。

メンターは、トレードスタイルが自分の性格と合っている人を探すとよい。例えば、好きなトレードスタイルがモメンタム戦略ならば、私と話しても時間の無駄になる。私もモメンタムトレードを行うことはあるが、ほとんどは日中のスイングトレードのみを志向するスタイルでトレードしているからだ。私は大部分のトレードでVWAP戦略と支持線・抵抗線戦略を使っている。

反省と見直し

ここまで読んできたら、トレードで成功するためには、トレード心理と規律、いくつかの実績のあるトレード戦略、優れた資金管理とリスク管理などが欠かせないということを理解してくれたと思う。ただ、トレードの基本要素を結びつけるもう1つの必須の要素がある。それが記録管理だ。

トレードの記録を付けると、過去の成功体験や失敗体験から学ぶこ

とができるため、より良いトレーダーになれる。実際、トレード日誌をつけることは、トレーダーとして継続的に成長していく最も重要かつ効果的な方法である。世界中に、安定的に利益を上げているトレーダーがいる。彼らは、さまざまなマーケットでさまざまな手法を使っているが、共通点が1つある。自分のトレードについて優れた記録を残しているのだ。これは、退屈でつまらない作業かもしれないが、本当に必要なことなのである。毎日、その日のトレードを記録し、そこには次の点も必ず含めておいてほしい。

1．体調（寝不足、コーヒーの飲みすぎ、前夜の食べすぎなど）
2．トレードした時間帯
3．使おうと思っていた戦略
4．チャンスをどう見つけたか（スキャナー、チャットルームなど）
5．仕掛けの質（リスク・リワード・レシオ）
6．トレード管理（仕掛けや手仕舞いで計画通りにサイズ調整ができたか）
7．手仕舞い方（目標値や損切りでどうしたか）

　私自身は、無料ソフトのスクリーンショットキャプター（Screenshot Captor）を使ってトレード画面のスクリーンショットをとり、同じソフトを使ってブログに日誌をつけている。私のブログを見れば、トレード日誌がどのようなものか分かると思う。日誌を私と同じ形式にする必要はないが、トレードで成功するためには毎日日誌をつける必要があるため、ぜひ自分のやりやすい方法を見つけてほしい。

　SMBキャピタル（ニューヨーク市にあるプロップファーム）の共同設立者のマイク・ベルフィオーレは、著書の『**ワン・グッド・トレード**』（パンローリング）のなかで、彼の会社ではプロのトレーダーがその日のトレードをすべて録画していると書いている。そして、昼にな

ると会議室で会社が提供する昼食を食べながら録画したトレードを見て、改善方法を話し合うのだという。トレードはフルコンタクトスポーツと同じで、全力で集中しなければマーケットに失礼だし、間違いなく打ち負かされる。利益を上げているトレーダーは、常に自分のトレードシステムを見直して調整を加えているのである。

　私は新人トレーダーから、連敗やうまくいかない時期のあと、どうすれば向上できるかという質問をよく受ける。私は、日誌を見直して、トレードで自分が劣っているところを具体的に探すよう勧めている。うまくいかなかったと言っているだけでは何の意味もない。毎日の適切なトレード記録がなければ、上達することはできないのである。

●問題は銘柄選択か
●問題は仕掛けポイントか
●問題は規律や心理か
●問題はプラットフォームや証券会社か
●ほかのトレーダーの結果はどうか。みんな悪い時期だったのか、それともあなただけか

　私は、新人トレーダーがカナダのバンクーバーに住んでいる場合は直接会って、どこを改善すべきか助言することもよくある。もし直接会うことができなくても、スカイプで話をしてパフォーマンスを講評することもある。あるとき、話をしたトレーダーが注文の送信が遅いと文句を言った。私はネット経由で彼女のパソコンに接続し（私はチームビューアー［TeamViewer］という遠隔操作用のソフトを使っている）、CPUのパフォーマンスを調べた。そして、彼女のパソコンからたくさんの不要なプログラムやアプリを削除し、マルウェア対策ソフトを走らせて、さまざまな侵略的なソフトウェアやコンピューターウィルスや、スパイウェア、アドウェア、スケアウェア、そのほかの

悪意のプログラムなどを駆除した。こうしてパソコンの空きメモリと
CPUの容量を増やすと、注文の処理速度は著しく改善した。トレーダ
ーは、自分のパソコンを、自分の体や心と同じように良い状態に保ち、
無駄を省いて動きを良くしておく必要がある。これは、トレードプラッ
トフォーム、ひいてはトレード結果に直接的な影響がある。

　私は、午前中のすべてのトレードを録画している（昼や大引けでは
ほとんどトレードしていない）。トレーダーはアスリートのように自分
のトレードの動画を見るべきだと思っているからだ。一流のアスリー
トやチームは、自分たちのプレーを見て、正しかった点や間違ってい
た点を確認し、改善方法を考えている。私は昼ごろ自分の動画を見て、
仕掛けや手仕舞いやプライスアクション、レベル２のシグナルなどに
ついて気づいた点をメモしている。自分のトレードからできるかぎり
学ぼうとしているのだ。また、知っておくべき新しいアルゴリズムト
レードについて調べることもある。ほかにも、サイズをもっと増やせ
たはずのところはないか探す。これは、私のトレードの弱点の１つで
ある。順行しているポジションを十分保有し続けられないことも多い。
そこで、もっと保有できたはずのトレードについても考える。その一
方で、積極的になりすぎたところや、リスク・リワード・レシオが高
くないのに執行してしまったトレードがないかも確認する。そして、ポ
ジションサイズをなぜそこで増やしたのかも見直す。これらのことが
デイトレードで生計を立てることにつながっていく。それ以外に上達
する方法もない。トレードに言い訳の余地はない。上達して、トレー
ド仲間の手助けをしていくために、私はこれをしなければならないの
である。

　動画を見ると、感情的にならなければトレードがいかに簡単なこと
かも分かる。動画を見るときは、リアルタイムで自分のお金をかけて
トレードしているわけではないからだ。ライブでトレードしていると、
マーケットは動きが速くて予想がつかないところのように感じるが、動

画で見直すと、マーケットの動きは実はとてもゆっくりだと気づく。動画を見ていると、パターンができたのに気づいた私が逆に仕掛けていることもあり、自分のトレード経験を考えると恥ずかしくなる。

　週末になると、私は再び動画を見直して、デイトレードの教材用に編集する。週末は、まず金曜の夜にバンクーバーの友人や家族とその週の成果を祝ったあと、私は書斎にこもって動画を切り貼りして教育プログラムを作ったり更新したりしている。

　自分のトレード動画を見直すことは、経験の長さに関係なくすべてのトレーダーに恩恵がある。新人トレーダーは、とにかくたくさんのトレードを見る必要がある。自分の動画を見ると、トレード経験を積んで自信を持てるようになるため、学習期間を大幅に短縮することができる。ただ、動画を見返すのは時間がかかるし退屈であることは否定しない。

私のブログとユーチューブのまとめビデオ

　前にも書いたとおり、私は自分のトレードやトレードに関する考えを毎日ブログに書いている。このブログは、私のすべてのトレードに関する良い記録になっているだけでなく、仲間のトレーダーやブログの読者も私の経験から学ぶことができる。トレード日誌は手が込んだ長いものでなくてよいし、ほとんどが画像でも良い。前述のとおり、私は無料ソフトのスクリーンショットキャプターを使って、トレードを手仕舞った直後にプラットフォーム上でリアルタイムのスクリーンショットを撮っている。そうすれば、チャート上で仕掛けと手仕舞いのポイントが分かるので、この画像とそのとき考えたことやその日のトレードについて書き残しておきたいことをブログに書き込んでいるのだ。2017年2月6日のブログは次のようになっている。

220

2017年2月6日
GALEとTSNとCOGとHASのトレードで＋986ドル
アンドリュー

素晴らしい日だった。詳しく見ていこう。

GALE

プレマーケットから非常に活発だったので注目していた。VWAPの下で弱含んで始まったが、最初の1分で上抜いた。プレマーケットの高値の2.62ドルまで上げることを期待して2000株買った。

しかし、株価はそれ以上上がらず、損切りに引っかかった。そのあと大引けまで売られ、早めに損切りして良かった。180ドルの損失。

図9.4　2017年2月6日のGALEの5分足チャート

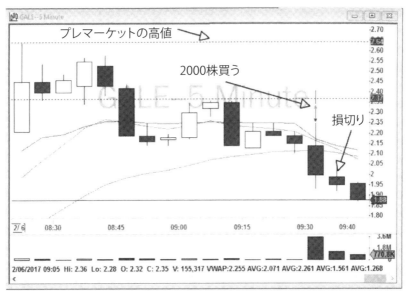

図9.5　2017年２月６日のGALEの１分足チャート

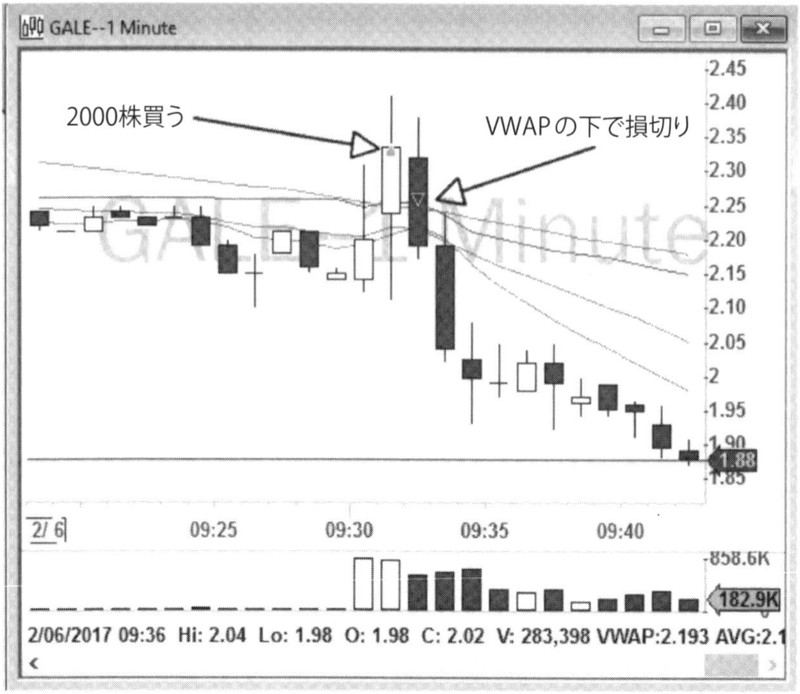

TSN

　堅実なVWAPトレードだった。オープンレンジブレイクアウト戦略で、VWAPの下で400株空売りした。前日の終値で日足チャートの重要な水準の64.47ドルに達するまでに４回に分けて手仕舞った。寄り付きでこんなに売られた株は見たことがない。スピード勝負だった。

　そのあと株価は反転してVWAPに向かったが、超えられずに再び下げた。私は重要レベルの64.47ドルの下で空売りしたが、すぐにVWAPで損切りに引っかかった。TSNがVWAPをブレイクするかどうかを見てから仕掛けるべきだった。

図9.6　2017年2月6日のTSNの5分足チャート──3回トレードした

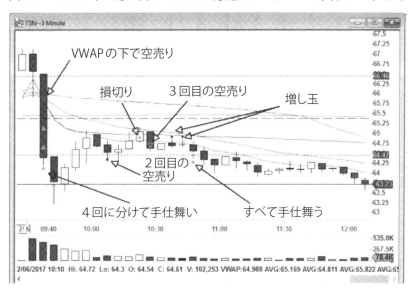

　株価はVWAPをブレイクできずに再び下げた。今回は、小さなポジションで空売りし、VWAPの下で2回増し玉した。目標値は日足の重要レベルである64.47ドル。計画どおり、64.47ドルでポジションをすべて手仕舞った。これも速かった。

　しまった。次の下げに備えてポジションの一部を残しておくべきだった。株価は重要レベルを超えてまだ下げている。

　この日誌を書いている今も株価は下げ続けているが、今日の利益目標に達しているため、これ以上トレードはしない。

HAS

　これもウオッチリストに載っていた銘柄。高値から下げてVWAPで反転したところで、VWAPを下抜くことを期待して空売りをした。株

図9.7　2017年2月6日のHASの5分足チャート

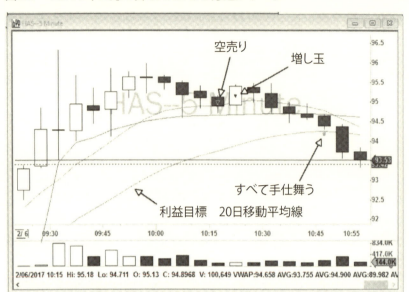

価はVWAPを大きく割り込み、私は20SMAで買い戻した。これも素早かった。

COG

これもVWAPの上で空売りしたケース。そのあと弱含むサインを見て増し玉した。日足の重要レベルの23.45ドルですべて買い戻した。これもスピード勝負だった。

今日は良い日だった。利益は986ドル。

図9.8　2017年2月6日のCOGの5分足チャート

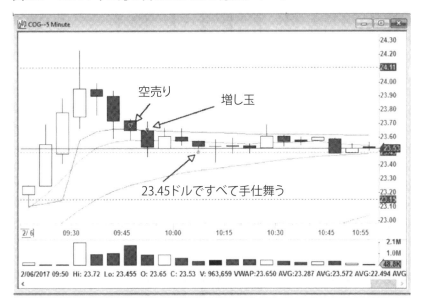

　私のトレード日誌はブルベアトレーダースのサイトのなかで公開している。私はトレード仲間と私のトレードについて話をすることがよくあり、彼らから学ぶことも多い。また、日々のトレードの動画を編集してユーチューブチャンネルに投稿することもある。私は自分のトレード動画をすべて保管してあり、今、準備中のトレードクラスの教材もそれを使って作っている。

最後に

　トレードには練習が欠かせない。そして、マーケットのパターンを解読する経験を積み、セットアップに関するif-then文の微調整を重ねていく必要がある。トレードは、毎日が新しいゲームであり、新しく

解くべきパズルなのである。多くの人がトレードはいくつかのルールに集約でき、いつもそれさえやっていればいいと思っている。しかし、トレードに「いつも」はまったくない。トレードごとに状況は違うからだ。デイトレーダーは、デイトレードの考え方を学ぶ必要があり、それは簡単なことではない。

　そこで、まずはパターンを認識し、トレード戦略を立てなければならない。そして、トレード戦略はリアルタイムのストレスにさらされた状態で練習しなければ意味がない。シミュレーターでの練習は役に立つし、絶対に必要なものではあるが、自分が苦労して貯めたお金でトレードすることほど、その結果が気になるものはない。

　トレードを始めると、恐ろしい思いをする可能性が高い。私も始めてすぐのころ、デイトレードは自分には向いていないという結論に何回も達した。経験を積み、利益が出るようになった今でも、ほぼ毎月、最低1回はこのマーケットで今後もトレードしていけるのか心配になる。もちろん、最近はこのような落胆を振り払うのも早くなった。それは、たいていは次の良いトレードができたときだ。しかし、まだ成功していないあなたが、学習過程を乗り越えるのはとても難しい。私も経験したことだから分かる。しかし、ライブでトレードし始めたときに、必ず大金を失うと決まっているわけではない。シミュレーターでトレードをすることによって、本当のお金を使った本当のトレードの準備を整えることができるからである。

　もし訓練コースやメンタープログラムに入るつもりならば、その内容を注意深く読んでからにしてほしい。優れた訓練プログラムは、最初は簡単なセットアップだけを使うよう勧める。例えば、新人トレーダーがライブのトレードを始めて1カ月間は、支持線・抵抗線戦略かVWAP戦略のみでトレードすべきだ。そして、次の1カ月間はリバーサルトレードのみを試すなどといったことだ。

　3カ月目は、移動平均線のトレンド戦略に集中する。そのあとは、ブ

ルフラッグモメンタムを試すとよい（モメンタムトレードは、執行とリスク管理が最も難しい）。要するに、最初は1回に1つの戦略のみでトレードすべきなのである。

　新人トレーダーの多くは、すぐに利益を上げたがり、それがかなわないと、するべきことができなくなる。期待した結果にならないと、間違ったところに集中し始めるのだ。利益が増えることを期待してトレードサイズを増やしたり、やる気を失って十分な準備をしなかったりする人も多い。「儲からないなら一生懸命準備してもしょうがない」などと言い訳するのだ。そして、成功しているトレーダーや経験豊富なトレーダーがけっして手を出さないチャンスに飛びついてしまう。しかし、それはギャンブルだ。そうなると、大きな損失を被るようになり、問題が山積していく。

　トレードで稼ぐ正しい方法は1つではないが、トレードを仕事として始める正しい方法は1つしかない。始めてすぐは、どうやって生活費を稼ぐかではなく、トレードの過程に集中するということだ。そして、安定して利益が上げられるようになるまでには、最低でも8～12カ月はかかることを理解しておかなければならない。もしそれだけの期間を待ちたくない、あるいは待てないのならば、別の仕事を探したほうがよい。トレードのためにこれだけの時間を経済的・心理的につぎ込むことができないという人もいるだろう。その場合も、別のプロを目指したほうがよいのかもしれない。

　最初の6カ月間の結果がまったく重要ではないということは、いくら強調してもしすぎることはない。どうでもよいことなのだ。最初の数カ月は、一生の仕事の基礎を作る時期なのである。10年後に振り返ったときに、最初の6カ月の利益にどれほどの価値があるだろうか。

　最も難しいのは、安定して稼げるようになることである。そのための集中的な訓練には8～12カ月かかり、かなり努力しなければならない。それに耐えれば、自分が素晴らしいトレーダーになれることが分

かるが、そのためには素晴らしいトレーダーになれると心から信じて臨む必要がある。

　私たちはみんな心の弱さを持っており、それを克服しなければならない。マーケットに自分の正しさを証明することに固執すると、大きな代償を支払うことになる。トレーダーのなかには損失を受け入れることができず、逆行したらすぐ手仕舞ってしまう人がいる。また、目標値まで待たずに少ない利益で利食ってしまう人もいる。素晴らしいリスク・リワードのチャンスに気づいても、怖くて仕掛けられない人もいる。これらのことは、心の弱さに対処しなければ乗り越えることはできない。

　トレーダーとしての失敗は恥じることではない。恥ずべきは、自分の夢を追求しないことのほうだ。トレードに大いに興味があってもまだ試していない人は、やったらどうなるか知りたいと思いながら生きていくことになる。しかし、人生は短い。新しいチャレンジに戸惑っている時間はないのだ。人生で挑戦すれば、たとえそれが失敗に終わったとしても誇るべきことである。デイトレードに挑戦した勇気は、のちの人生できっと報われる。もしかしたら、あなたが待っていたのはその次に選ぶ仕事や挑戦なのかもしれないが、トレードを試すことで自分自身について学んだことには計り知れない価値があるのだ。

　本書の最後に、私にとってのデイトレードの11のルールをまとめておく。私はこのページを印刷して、トレードデスクの前に貼り、頻繁に読み返している。あなたにもそれを勧める。これらのルールが成功への正しい道を思い出させてくれることが分かっているからだ。

　最後に大事なことを書いておきたい。もし本書を楽しみ、役に立つと思ってくれたならば、アマゾンにレビューを投稿してくれるとうれしい。このような本は正直なレビューによってより良いものになると思うからだ。寄せられた意見は、改訂版の参考にさせてもらう。意見はメールで送ってもらってもよい。ただ、アマゾンに投稿された意見

は、本書を買うかどうか迷っている人の参考にもなる。人に教えたり、新しい仕事を始める手助けをしたりすることは、私の内面を満たし、日々の励みになる。この学び続けるという課題を達成するために、ぜひ力を貸してほしい。

もし、私に連絡をとりたければ、私たちのチャットルーム（https://www.bearbulltraders.com/）にアクセスするか、メール（andrew@BearBullTraders.com）を送ってほしい。喜んで話を聞かせてもらう。

ここまで読んでくれてありがとう。良いトレードを。

アンドリューのデイトレードの11のルール

ルール1——デイトレードですぐにお金持ちになることはできない。

ルール2——デイトレードは簡単ではない。これは真剣な仕事なので、そのつもりで取り組め。

ルール3——デイトレードではポジションをオーバーナイトしない。そのため、損失が出たとしても必ずその日のうちに手仕舞う。

ルール4——「この株の動きはマーケット全体の動きと同調しているからなのか、それともこの株独自のファンダメンタルズ的な理由があるからなのか」と必ず考える。

ルール5——デイトレードの成功の秘訣はリスク管理、つまり低リスクで高い利益が見込める仕掛けポイントを探すことである。私にとって最低の勝率は67％（2勝1敗）。

ルール6——取引所で株を売買するのは証券会社の仕事。デイトレーダーにおける唯一の仕事はリスクを管理すること。効果的な戦略をいくつマスターしても、リスク管理の高いスキルがなければ成功することはできない。

ルール7——小口トレーダーはインプレー銘柄のみをトレードする。インプレー銘柄とは過去と比較して相対的に出来高が多く、ファンダメンタルズ的なきっかけがあり、マーケット全体とは関係のない動きをしている銘柄のことである。

ルール8——経験豊富なトレーダーはゲリラ兵と似ている。彼らは正しいタイミングで飛び出してきて、素早く利食って撤退する。

ルール9——陽線のローソク足は、終値が始値よりも高いということで、買い圧力を示している。陰線のローソク足は、終値が始値よりも安いということで、売り圧力を示している。

ルール10——指標は指し示しているだけで、それに指示されてはならない。

ルール11——トレードで利益を上げるためには感情的になってはならない。感情的なトレーダーは資金を失うことになる。

用語解説

1日の平均出来高（Average daily volume）　特定の銘柄が1日にトレードされる株数の平均。私は、これが50万株を下回る銘柄はトレードしない。デイトレードでは、容易に仕掛けたり手仕舞ったりするための、十分な流動性が必要。

FX（Forex）　トレーダーが通貨をトレード（ただしデイトレードではない）している世界の外国為替市場。

if-then文、if-thenシナリオ（If-then statemet、scenario）　マーケットが開いて実際にトレードする前に作っておくトレードの指針となるさまざまなシナリオ。例えば、「もし株価がABCを超えなければ、DEFをする」。**図9.2**に私のif-then文（if-thenシナリオ）の例を書き込んである。

VWAP、出来高加重平均取引（Volume Weighted Average Price、VWAP）　デイトレーダーにとって最も重要なテクニカル指標で、トレードプラットフォームに組み込んである。VWAPは、価格のみを使って算出する移動平均線と違い、価格ごとに出来高を加味した移動平均線で、買い手と売り手のどちらがプライスアクションを支配しているかを教えてくれる。

アスク（Ask）　売り気配値。売り手が特定の株を特定のときに売る場合に要求する価格。常にビッドよりも高い。

アベレージトゥルーレンジ（ATR、Averate True Range）　真の値

幅の平均。特定の銘柄の日々の値幅の平均。私はATRが最低50セント
の銘柄を探す。これは、ほとんどの日に、株価が50セント以上動いて
いることを意味している。

アルファ株（Alpha stock） 別名インプレー銘柄。株式市場全体、ま
たはセクターとは関係のない動きをしており、マーケットの支配が及
んでいない株。デイトレーダーが探すべき株。

移動平均線（Moving average、MA） トレードで広く使われている指
標。過去の株価の平均を使うことで、株価の動きを滑らかに表示して
いる。最もよく使われているのは、一定期間（1分、5分、1日など）
の株価を単純平均した単純移動平均線（SMA）と、最近の株価を加重
平均した指数平滑移動平均線（EMA）。移動平均線は、主にトレンド
の方向や、支持線や抵抗線の水準を判断するのに使われている。私は
すべてのチャートに9EMAと20EMA、50SMAと200SMAを表示して
いる。ほとんどのチャートソフトには、さまざまなタイプの移動平均
線が組み込んである。

イントラデイトレード（Intraday） デイトレード、または日計りの
こと。同じ日、つまりニューヨーク時間の9時30分から16時の間にト
レードすること。

インプレー銘柄（Stock in Play） デイトレーダーが探している銘柄。
優れたリスク・リワードのチャンスを提供する株で、ファンダメンタ
ルズ的なきっかけがあり（良いニュースや悪いニュース、例えばFDA
［食品医薬品局］の認可や不認可、再編、吸収や合併など）、日中株価
が予想可能な動きをすると思われる株が多い。

234

用語解説

大引け（Close） トレード時間最後の1時間。ニューヨーク時間の15
～16時。1日の終値は、株の価値に関するウォール街のトレーダーの
考えを反映している。

オプション（Option） 原資産とは違うタイプのトレード対象。買い
の場合は、特定の価格で特定の日までに買ったり売ったりする権利（義
務はない）を提供する契約。

買い、ロング（Buying long、Long） 株価が上がることを期待して
株を買うこと。例えば、「アップルを100株ロングにする」とは、アッ
プルの株が値上がりすることを期待して100株買うこと。

株価を追いかける（Chasing the stock） 株価が大幅に上げていると
きに株を買おうとすること。賢いデイトレードは、株価をけっして追
いかけない。成功しているデイトレーダーは、株価の動きが静かなと
きに仕掛け、動きが荒くなったときに利食う。株価が急騰していると
きは、揉み合いになるまで忍耐強く待つべき。忍耐こそが美徳。

空売り、ショート（Short、Short selling） 証券会社から株を借りて
売ること。株価がさらに下げたら安く買い戻して株を返し、差額を利
益とすることを期待して行うトレード。例えば、「AAPLを空売りす
る」とは、アップルの株価が下がることを期待して売ること。

空売り規制（Short Selling Restriction、SSR） 前日の終値から10％
以上下げた銘柄について、当局と証券取引所が株価が下げている間の
空売りを禁じる規制。空売り規制が適用されると、空売りできないわ
けではないが、株価が上げたときのみに限られる。

235

空売り残高（Short interest） 空売りされたあと、まだ買い戻されていない株数。通常、1日の終わりに発表される。私は原則として、空売り残高比率が30％を超える銘柄はトレードしない。この比率が高いということは、多くのトレーダーや投資家が株価がさらに下がると考えていることを示している。

ギャッパーウオッチリスト、ウオッチリスト（Gappers watchlist、watchlist） マーケットが開くまえに上や下に窓を空け、窓の理由を説明できるファンダメンタルズ的なきっかけがあり、さらに観察してデイトレードのチャンスを探していきたい銘柄のリスト。このリストは最終的にはたいてい2〜4銘柄に絞られ、マーケットが開いたら注意深く観察していく。

玉締め（Short squeeze） 空売りしている人たちがパニックを起こして、借りた株を慌てて証券会社に返そうと手仕舞いした結果、株価が急騰すること。玉締めが起こっているときには空売りポジションを抱えていたくはない。それよりも、玉締めで急騰する流れに乗りたい。

ゲリラトレード（Guerrila trading） デイトレーダーの戦法。ゲリラ兵のように、チャンスを待って金融の戦場に素早く参入し、リスクを最低限に抑えながら素早く利食って去っていく。

購買力（Buying power） あなたが証券会社に開設しているトレード口座の資本（残高）と、証券会社が提供するレバレッジ。例えば、私の証券会社は4倍のレバレッジを提供してくれているため、トレード口座の残高が2万5000ドルあれば、実際には10万ドルまでトレードできる。

高頻度トレード（High frequency trading、HFT） ウォール街のコンピュータープログラマーが、市場を操作するために作ったアルゴリズムや秘密の公式を使ったトレード。デイトレーダーは、関心は払っても恐れる必要はない。

小型株（Small cap stock） 時価総額が少なく、発行株数も少ない銘柄。大きいサイズの注文があると簡単に株価が動くため、ボラティリティが非常に高く、動きも速くなりがち。小型株の多くは株価が10ドル未満で、一部のデイトレーダーは好んでトレードしているが、リスクがかなり高くなることもあり得る。低浮動株、超小型株とも呼ばれている。

小口トレーダー（Retail trader） あなたや私のような個人トレーダー。会社のためにトレードしたり、他人の資金を運用したりはしない。

コマ（Spinning top） 上ヒゲと下ヒゲがほぼ同じ長さで、たいていは実体よりも長いローソク足。様子見の足とも呼ばれており、力が拮抗している買い手と売り手の攻防を表している。様子見の足は、価格変化の前兆の可能性があるため、気づくことが重要。コマの例は**図6.6**と**図6.7**参照。

サイズ（Size） レベル2の画面の「size」の列は、売りまたは買いの板情報を標準売買単位で示している。1売買単位は100株なので、「4」ならば400株ということ。

先物（Futures） 金融資産や商品（原油、木材、小麦、通貨、金利など）の価格を今日決めて、受け渡しや購入は将来指定した日に行うこと。受け渡し日の価格の方向性を正しく予想できれば利益が上がる。

237

デイトレーダーは先物はトレードしない。

指値注文（Limit order）　証券会社に対して、特定の銘柄を指定した価格かそれよりも良い価格で買う（または売る）注文。指値注文は、発注後に株価が急変すると、執行されないこともある。

仕掛けポイント（Entry point）　チャート上にパターンが形成されつつあることに気づいたとき、トレードを仕掛けるところ。

時価総額（Market cap、Market capitalization）　浮動株（株式市場でトレード可能なすべての株）の総額。例えば、ある会社が1株当たり10ドルで、300万株がトレード可能ならば（浮動株が300万株）、時価総額は3000万ドルとなる。

支持線・抵抗線の水準（Support or resistance level）　特定の銘柄が、たいていそれ以上は上がらない（抵抗線）または下がらない（支持線）水準。株価は支持線や抵抗線に達すると、たいていそこで反転して方向が変わる。デイトレーダーは正しいタイミングで仕掛ければ、株価の反転に合わせて利益を上げることができるため、この水準を注視しておきたい。支持線や抵抗線の見つけ方については本文に書いたが、最も強力な水準の1つが前日の終値。支持線と抵抗線を書き込んだチャートの例は**図7.23-B**参照。

市場性のある指値注文（Marketable limit order）　証券会社に対して、特定の銘柄を、指定した範囲の価格で即座に買う（または売る）注文。私は、デイトレードでこの市場性のある指値注文を使い、範囲を買いの場合は「アスク＋5セント」、売りの場合は「ビッド−5セント」と指定することが多い。

指数平滑移動平均線（EMA、Exponential Moving Average） 移動平均線の一種で、最近のデータに加重しているため、ほかの移動平均線よりも直近の価格変動の影響が大きい。

指標（Indicator） 株価や出来高を使って算出された値。ただし、チャート上にたくさんの指標を表示しすぎるとよくない。チャートはすっきりとさせておいたほうが情報を素早く処理して判断を下すことができる。トレーダーが表示したい指標のほとんどはプラットフォームが自動的に計算して表示できるようになっている。ただ、指標は指し示しているだけで、それに指示されてはならない。私が使っているチャートと指標のスクリーンショットは**図5.2**参照。

シミュレーター（Simulator） トレードで成功したい新人デイトレーダーが、数カ月間、訓練トレードを行うべきところ。シミュレーション口座はリアルタイムのマーケットデータを提供してくれるものを購入し、必ずライブでトレードする場合と同じサイズや金額で練習する。シミュレーターは、ホットキーの使い方や、if-then文の作り方や、戦略を繰り返し練習するための素晴らしい方法。

証券会社、ブローカー（Broker） トレーダーのために証券取引所で株を売買する会社。

上場投信（ETF、Exchange-traded fund） 証券取引所で取引されている投資信託。株や債券などの資産で構成されている。

勝率（Win:lose ratio） デイトレードで成功するためには、優れた勝率のセットアップ、つまり低リスクで高リワードの可能性があるトレードチャンスを見つけることがカギとなる。例えば、この比率が3対

１ならば、100ドルのリスクで300ドルの利益が上がる可能性がある。ちなみに、私はこの比率が２対１以上でなければトレードしない。損益レシオ、リスク・リワード・レシオ参照。

スイングトレード（Swing trading）　株のトレードでポジションを１日～数週間程度保有する真剣な仕事。ただ、スイングトレードとデイトレードはまったく違う。

スキャナー（Scanner）　さまざまな条件を設定してデイトレードに適した銘柄を探すプログラム。**図4.2**と**図4.5**は私がよく使っているスキャナーの画面の一例。

先行指標（Leading indicator）　ナスダックのレベル２のサービスで、トレードが執行される前に情報を提供している。

前日の終値（Previous day close）　前日の大引けの株価。今日の動きを推測するツールとして役に立つ。本書で紹介した戦略やパターンのいくつかでも使っている。

相対的な出来高（Average relative volume）　通常の出来高と比較した出来高。私は、この数字が1.5倍未満、つまり通常の１日の出来高の1.5倍に満たなければトレードしない。

相対力指数（RSI、Relative Strength Index）　株価の最近の上昇と下落を一定期間のそれと比較して、株価の変化や速さを測定するテクニカル指標。ほとんどのスキャナーやプラットフォームがRSIを自動的に計算してくれる。RSIは０～100の値で示される。10未満や90を超える極端な値があれば、私は必ず注目する。

240

損益レシオ（Profit-to-loss ratio） デイトレードで成功するためには、優れた損益レシオのセットアップ、つまり低リスクで高リワードの可能性があるトレードチャンスを見つけることがカギとなる。例えば、この比率が3（益）対1（損）ならば、100ドルのリスクで300ドルの利益が上がる可能性がある。私はこの比率が2対1以上でなければトレードしない。リスク・リワード・レシオ、勝率参照。

損切り（Stop loss） 損失を受け入れてトレードを手仕舞う価格水準。1つのトレードでとるリスクはトレード総資金の最大2％まで。例えば、トレード口座に1万ドルあれば、1回のトレードでとれるリスクは200ドルを超えてはならない。最大リスク額を計算したら1株当たりのリスクに換算し、その額を仕掛けポイントと合わせると損切りポイントが分かる。また、損切りポイントは、必ず妥当なテクニカルレベルに置く。そして、損切りポイントは必ず守る。トレード中に好転することを期待して損切りを動かしてはならない。トレードに固執して資金をリスクにさらさずに、損切りに達したら潔く手仕舞って損失を受け入れる。

単純移動平均線（SMA、Simple Moving Average） 移動平均線の一種で、一定数の時間枠の終値の合計を、その時間枠の数で割った値。

遅行指標（Lagging indicator） 株の動きに関する情報をトレードのあとで提供する指標。

チャットルーム（Chatroom） トレーダーのコミュニティー。インターネット上に多くある。本書の読者は、よければ私の会社（https://www.bearbulltraders.com/）が運営するチャットルームに参加してほしい。

241

ちゃぶつき（Choppy price action） 高頻度で株がトレードされていることを示す株価の小さな動き。チョッピーなプライスアクションは、株価がウォール街のプロのトレーダーに支配されている状態なので、デイトレーダーは避けるべき。

中位浮動株（Medium float stock） 浮動株が500万〜5億株の銘柄。私はたいていこのタイプで株価が10〜100ドルの銘柄をトレードしている。本書で紹介している戦略の多くが、中位浮動株に適している。

超大型株（Mega cap stock） 株数が膨大な銘柄。例えば、アップルのトレード可能な株数は、2016年7月の時点で53億株。超大型株は、大量の資金を使って大量の出来高がなければ株価が大きく動かないため、通常はボラティリティが低い。デイトレーダーは、この種の銘柄は避ける。

超小型株（Micro-cap stock） 株数が少ない銘柄。大きいサイズの注文があると簡単に株価が動くため、ボラティリティが非常に高く、動きも速くなりがち。超小型株の多くは株価が10ドル未満で、デイトレードでは好んでトレードされている。低浮動株、小型株とも呼ばれている。

強気のローソク足、陽線（Bullish candlestick） 実体が大きく上に伸びている足。買い手の支配を表しており、引き続き価格が上げていく可能性が高い。**図6.1**参照。

ティッカー（Ticker） 証券取引所に上場されているすべての銘柄に付いている1〜5文字の略称。例えば、アップルのティッカーはAAPL。

デイトレード（Day trading） 比較的予想しやすい動きをする株を売買する真剣な仕事で、トレードはその日のうちに終わらせる。ポジションは、オーバーナイトで保有しないで、大引けまでに必ず手仕舞う。

低浮動株（Low float stock） トレードできる株数が少ない株。大きいサイズの注文があると簡単に株価が動くため、ボラティリティが非常に高く、動きも速くなりがち。低浮動株の多くは株価が10ドル未満で、デイトレードでは好んでトレードされている。超小型株、小型株とも呼ばれている。

出来高が相対的に多い（High relative volume） デイトレーダーがインプレー銘柄のなかで注目すること。1日の平均出来高と所属するセクターの出来高を上回っている銘柄は、セクターや株式市場全体とは独立した動きをしている。

手仕舞いポイント（Exit point） トレードを計画するときに、どこで仕掛け、どこで手仕舞うかを決めるが、正しく手仕舞わないと勝ちトレードを負けトレードに変えてしまう。どうするにしても意地を張らずに、トレードが逆行したら潔く手仕舞って損失を受け入れる。自分の正しさを証明するために資金をさらなるリスクにさらしてはならない。マーケットは、予想を超えた動きをすることがある。

店頭市場（Over the counter market、OTC） デイトレーダーはほとんどトレードしていないマーケット。通貨や債券や金利などがトレードされている。

投資（Investing） 投資とトレードは似ていると思っている人もいるが、実際にはかなり違う。投資は、資金を短期または長期で増やすこ

243

とを期待してどこかに投じること。

同時線（Doji）　重要なローソク足のパターンで、さまざまな形があるが、実体がないか非常に小さいという特徴がある。同時線は、様子見を表しており、買い手と売り手の攻防が行われている状態。**図6.8**参照。

トレード管理（Trade management）　仕掛けてから手仕舞うまでのポジションの扱い方。パソコンの前にじっと座って幸運を祈るのではなく、観察しながら新しい情報に基づいてポジションを調整するなど、積極的にトレードにかかわっていかなければならない。トレード管理の経験を積むための唯一の実践的な方法はシミュレーターでのトレード。いずれライブでトレードするときと同じサイズと金額で練習しなければならない。

トレード計画（Trade plan、Trading plan）　実際にトレードを仕掛ける前に立てる計画。堅実な計画を立て、規律をもってそれを順守するのは大変なこと。if-then文、if-thenシナリオ参照。

トレードプラットフォーム（Trading platform）　トレーダーが証券取引所に注文を送るためのソフトウェア。たいていは証券会社が提供しており（無料の場合もあるがたいていは有料）、ウェブ上にあるものと、自分のパソコンにインストールするものがある。プラットフォームには、チャートと注文の機能がついているが、素早い処理や、ホットキーが使えることや、優れたチャート機能などがある質の高いものを選ぶことが極めて重要。私のお勧めはDASトレーダーで、有料のプラットフォームとリアルタイムのデータを使っている。

244

成り行き注文（Market order）　証券会社に、特定の株を、今の株価がいくらであっても即座に買う（または売る）よう依頼する注文。ここで強調すべきは「今の価格がいくらであっても」という部分で、株価はあなたにとって有利になることもあれば、不利になることも十分あり得る。

売買単位（Standard lot）　100株。レベル2の画面の「size」の列は、売りや買いの板情報を標準ロット数で示している。例えば、「4」は400株。

パターンデイトレードルール（Pattern Day Trade Rule）　アメリカでデイトレードをする場合は、最低でも口座残高が最低2万5000ドルなくてはならないというアメリカの規制。アメリカ以外の証券会社を使う場合や、アメリカの居住者以外は適用外。

ビッド（Bid）　買い気配値。買い手が特定の株を特定のときに買うために支払おうとする価格。常にアスクよりも安い。

ビッド・アスク・スプレッド（Bid-ask spread）　ある瞬間に、みんなが特定の株を買うために支払うつもりの価格と、売るために要求する価格の差。トレード時間を通して変化していくこともある。

昼ごろ（Mid-day）　ニューヨーク時間の11〜15時。全般的にマーケットの動きが遅く、出来高も少ないため、流動性も低い。デイトレードには最も危険な時間帯。

ファンダメンタルズ的なきっかけ（Fundamental catalyst）　デイトレーダーが探している株に関する良いニュースや悪いニュース。例え

245

ば、FDAの認可や不認可、再編、吸収や合併など、その日株価に影響を及ぼしそうな重要なこと。

浮動株（Float）　対象の会社のトレード可能な株数。例えば、2016年7月時点でトレード可能なアップルの株は53億株だった。

プライスアクション（Price action）　株価の動き。私は、高値や安値や始値や終値の関係が一目で分かるローソク足チャートを好んで使っている。

ブラックボックス（Black box）　ウォール街の大手企業が株式市場を操作するために使っている極秘のコンピュータープログラムや公式やシステム。

ブル、強気（Bull）　株の買い手。ブルマーケットとは、買いによって株式市場全体が価値を上げており、買い手が支配しているということ。

ブルフラッグ（Bull Flag）　竿についた旗に似た形のローソク足パターンで、数本の大きな陽線（竿の部分）のあと一連の小さな横ばい（デイトレードでは揉み合いとも呼ぶ）の足が続く（旗の部分）。最初のブルフラッグでは仕掛けられないことが多いが、スキャナーが警告してくれるので2つ目のブルフラッグには備えることができる。ブルフラッグの例は**図7.3**参照。

プレマーケットのトレード（Pre-market trading）　マーケットが正式に開くニューヨーク時間の9時30分よりも前に行われるトレード。トレーダーの数が少なく、小さいサイズのトレードに限られるため、私自身はトレードしない。トレードしたければ、まずは証券会社が注文

を受けるかどうか確認する必要がある。ただ、この時間の動きは注視しておくとよい。私は、この時間帯に2％以上、上や下に窓を空ける銘柄があれば必ず注目し、内容によってはその日のウオッチリストに載せる。

ベア、弱気（Bear）　株を売る、または空売りする人。ベアマーケットは、売りや空売りによって株式市場全体が価値を失っており、売り手が支配しているということ。

プロのトレーダー（Institutional trader）　ウォール街の投資銀行や投資信託やヘッジファンドなどに所属するトレーダー。小口のデイトレーダーは、プロのトレーダーがトレードしている（実質的に株価を操作し、支配している）銘柄は避けるべき。

ポジションサイズの決め方（Position sizing）　1トレード当たりのポジションをどれくらいにするかということ。新人トレーダーが身に付けなければならない技術とスキル。私のルールの1つにもあるが、1トレードのリスクが、トレード総資金の2％を超えてはならない。

ホットキー（Hotkey）　デイトレーダーが絶対に必要なもの。特定のキーの組み合わせで証券会社に自動的に注文を送れるようプログラムしておく。これがあれば、マウスを使ったり手動で入力したりする必要がなくなる。高速でトレードするためにはホットキーが必要なので、本当のお金をリスクにさらす前に、リアルタイムのシミュレーターで使い方を練習してほしい。ちなみに、私は**図5.4**のようなホットキーを設定している。

ボロ株（Penny stock）　小企業の株で、株価が非常に安いもの。株価

247

は簡単に操作され、既存の株価パターンがまったく当てはまらないうえに不正行為が蔓延している。まともなデイトレーダーはボロ株には手を出さない。

マーケットメーカー（Market maker）　証券取引所で売買できる株を提供する株式値付けディーラー。特定の株をある程度の株数保有して、取引所でトレードが円滑に行われるようにしている。

マージン、信用、委託証拠金、証拠金（Margin）　証券会社が提供するレバレッジ。例えば、レバレッジが4倍で、トレード口座の残高が2万5000ドルならば、10万ドルまで信用取引（マージントレード）ができる。ただ、信用取引は両刃の剣で、大きく買える半面、大きなリスクにさらされることにもなる。

マージンコール、追証（Margin call）　証券会社からの深刻な警告で、避けなければならない。レバレッジを利用しているときに含み損が出ると証券会社は追証を請求する。含み損がトレード口座の残高と同じになると、口座に追加資金を入金しなければ、口座は凍結される。

負けトレードでのナンピン（Averaging down）　デイトレードで負けているポジションの平均コストを下げるために増し玉すること。次に順行したときにトントンで手仕舞うことを期待してのことだが、負けトレードでは絶対にナンピンをしてはならない。理由は本文に書いたが、デイトレーダーとして成功したければ、平均コストを下げたい衝動は抑えなければならない。

揉み合い（Consolidation period）　安く買った人が利食っているが、まだ買いに入る人もいるため、株価が急落しない状況。まだ売り手の

248

支配には至っていない。

様子見のローソク足（Indecision candlestick）　上ヒゲと下ヒゲの長さがほぼ同じローソク足で、ヒゲは実体よりも長いことが多い。コマ、同時線などとも呼ばれている。このような足は、買い手と売り手の力が拮抗するなかで攻防していることを表している。様子見の足は、価格変化の前兆の可能性があるため、気づくことが重要。様子見の足の例は**図6.6〜6.8**参照。

寄り付き（Open）　株式市場が始まって最初の1時間半。ニューヨーク時間の9時30分〜11時。

寄り付きのレンジ（Opening range）　株式市場が開くと、インプレー銘柄はたいてい激しいトレードによって荒いプライスアクションになる。私は、価格の方向性や、売り手と買い手のどちらが優勢かを5分間の寄り付きのレンジで判断しているが、15分間や30分間のレンジを使ってうまくいっている人もいる。

弱気のローソク足、陰線（Bearish candlestick）　実体が大きくて色がついている足。始値が高くて、終値が安く、売り手が株価を支配しているため、買いの好機ではない。**図6.1**参照。

リアルタイムのマーケットデータ（Real time market data）　デイトレーダーとして成功するためには、遅れのないリアルタイムのマーケットデータ（たいていは有料）にアクセスする必要がある。分単位で判断し、仕掛け、手仕舞わなければならないからだ。ちなみに、スイングトレーダーは日単位や週単位でトレードしているため、インターネットで無料で入手できる終値が分かればよい。

249

利益目標（Profit target）　デイトレーダーは、１日の利益目標を決め、それを達成したら、欲張ってそれ以上のリスクをとらない。パソコンを切ってあとは楽しめばよい。また、トレードを仕掛けるときは、必ず戦略に基づいて具体的な利益目標を決めておく。

リスク管理（Risk management）　デイトレードで成功するための最も重要なスキルの１つ。低リスクで高リワードが見込めるセットアップを探す必要がある。トレーダーは毎日リスクを管理している。

リスク・リワード・レシオ（Risk/reward ratio）　デイトレードで成功するためには、優れたリスク・リワード・レシオのセットアップ、つまり低リスクで高リワードの可能性があるトレードチャンスを見つけることがカギとなる。例えば、この比率が３（リワード）対１（リスク）ならば、100ドルのリスクで300ドルの利益が上がる可能性がある。私はこの比率が２対１以上でなければトレードしない。損益レシオ、勝率参照。

流動性（Liquidity）　デイトレードで成功するために不可欠なこと。仕掛けや手仕舞いの注文がすぐに執行されるだけの出来高が十分あることと、証券取引所に出される注文の数が十分あることの両方が必要。つまり、大勢の買い手と売り手が注目している銘柄を選びたい。

流動性が低い株（Illiquid stock）　日中に十分な出来高がない銘柄。ほとんどの場合、売買するときに大きなスリッページがかかる。

レバレッジ（Leverage）　証券会社がトレード口座の残高に応じて提供する信用。多くの証券会社が、３〜６倍のレバレッジを提供している。例えば、レバレッジが４倍ならば、トレード口座の残高が２万5000

ドルの場合、10万ドルまでトレードできる。

レベル2（Level 2） デイトレードで成功するためには、ナスダック・トータルビュー・レベル2のデータフィードにアクセスする必要がある。これは、トレードが執行される前の情報を先行指標として提供するもので、その銘柄のプライスアクションに関して、売買しているトレーダーのタイプ、株価の目先の方向性など、重要な洞察を得ることができる。レベル2の画面の例は**図5.1**参照。

ローソク足（Candletick） 株価チャートによく使われる足の形状。一定期間の始値や高値や安値や終値が見やすい。ほかの形式を好む人もいるが、私はプライスアクションを解読しやすくて、始値と終値の関係や高値と安値の関係が見やすいローソク足が気に入っている。強気や弱気のローソク足の例は**図6.1**参照。

■著者紹介
アンドリュー・アジズ（Andrew Aziz）
金融トレーダーで、ベア・ブル・トレーダース（https://www.bearbulltraders.com/）社長。ブリティッシュ・コロンビア大学で博士号（化学工学）を修得。数年前からフルタイムの金融トレーダーとして、ヨーロッパやアメリカやアジアのさまざまな市場で、株、ETF（上場投信）、先物、通貨（FX）などを毎日トレードしている。

■監修者紹介
長尾慎太郎（ながお・しんたろう）
東京大学工学部原子力工学科卒。北陸先端科学技術大学院大学・修士（知識科学）。日米の銀行、投資顧問会社、ヘッジファンドなどを経て、現在は大手運用会社勤務。訳書に『魔術師リンダ・ラリーの短期売買入門』『新マーケットの魔術師』など（いずれもパンローリング、共訳）、監修に『高勝率トレード学のススメ』『ラリー・ウィリアムズの短期売買法【第2版】』『コナーズの短期売買戦略』『続マーケットの魔術師』『続高勝率トレード学のススメ』『ウォール街のモメンタムウォーカー』『システマティックトレード』『株式投資で普通でない利益を得る』『成長株投資の神』『ブラックスワン回避法』『市場ベースの経営』『世界一簡単なアルゴリズムトレードの構築方法』『新装版 私は株で200万ドル儲けた』『リバモアの株式投資術』『ハーバード流ケースメソッドで学ぶバリュー投資』『システムトレード 検証と実践』『ウォール街のモメンタムウォーカー【個別銘柄編】』『マーケットのテクニカル分析』『とびきり良い会社をほどよい価格で買う方法』『インデックス投資は勝者のゲーム』『新訳 バブルの歴史』『株式トレード 基本と原則』『企業に何十億ドルものバリュエーションが付く理由』『ディープバリュー投資入門』など、多数。

■訳者紹介
井田京子（いだ・きょうこ）
翻訳者。主な訳書に『トレーダーの心理学』『スペランデオのトレード実践講座』『トレーディングエッジ入門』『千年投資の公理』『ロジカルトレーダー』『チャートで見る株式市場200年の歴史』『フィボナッチブレイクアウト売買法』『ザFX』『相場の黄金ルール』『トレーダーのメンタルエッジ』『破天荒な経営者たち』『バリュー投資アイデアマニュアル』『遅咲きトレーダーのスキャルピング日記』『FX 5分足スキャルピング』『完全なる投資家の頭の中』『勘違いエリートが真のバリュー投資家になるまでの物語』『株式投資で普通でない利益を得る』『バフェットからの手紙【第4版】』『金融版 悪魔の辞典』『バフェットの重要投資案件20 1957-2014』『市場心理とトレード』『逆張り投資家サム・ゼル』（いずれもパンローリング）など、多数。

2018年11月3日　初版第1刷発行

ウィザードブックシリーズ⑲

デイトレードの基本と原則
──戦略、資金管理、規律、心理を学ぶための総合ガイドブック

著　者　アンドリュー・アジズ
監修者　長尾慎太郎
訳　者　井田京子
発行者　後藤康徳
発行所　パンローリング株式会社
　　　　〒160-0023　東京都新宿区西新宿7-9-18　6階
　　　　TEL 03-5386-7391　FAX 03-5386-7393
　　　　http://www.panrolling.com/
　　　　E-mail　info@panrolling.com
編　集　エフ・ジー・アイ（Factory of Gnomic Three Monkeys Investment）合資会社
装　丁　パンローリング装丁室
組　版　パンローリング制作室
印刷・製本　株式会社シナノ

ISBN978-4-7759-7239-7
落丁・乱丁本はお取り替えします。
また、本書の全部、または一部を複写・複製・転訳載、および磁気・光記録媒体に
入力することなどは、著作権法上の例外を除き禁じられています。

本文　©Kyoko Ida／図表　©Pan Rolling　2018 Printed in Japan

株式トレード 基本と原則

定価 本体3,800円+税　ISBN：9784775972342

生涯に渡って使えるトレード力を向上させる知識が満載！

ミネルヴィニをアメリカで最も成功した株式トレーダーの1人にしたトレードルールや秘密のテクニックを惜しげもなく明らかにしている本書を読めば、あなたは自分のトレードでミネルヴィニの手法を使って、文字どおりトレード大会のチャンピオンのようにトレードをする方法を学ぶことができるだろう！

マーケットのテクニカル分析

定価 本体5,800円+税　ISBN：9784775972267

トレード手法と売買指標の完全総合ガイド

初心者から上級者までのあらゆるレベルのトレーダーにとって有益な本書のテクニカル分析の解説を読むことで、チャートの基本的な初級から上級までの応用から最新のコンピューター技術と分析システムの最前線までを一気に知ることができるだろう。

高勝率トレード学のススメ

定価 本体5,800円+税　ISBN：9784775970744

あなたも利益を上げ続ける少数のベストトレーダーになれる！

著者が長年にわたっていろいろなシステムを渡り歩き、試行錯誤を重ねた末にたどり着いた結論を集約したものが本書である。何がうまくいき、何がうまくいかないのか。そして、それはなぜなのか。著者マーセル・リンクが忍耐力を身につけ常に勝てるトレーダーになるまでの道のりを赤裸々に綴ったサクセスストーリーを今あなたにお届けする。

フルタイムトレーダー完全マニュアル

定価 本体5,800円+税　ISBN：9784775970850

相場で生計を立てるための全基礎知識

長年の経験から市場のメカニズムを直感的に理解するスキルを築き上げたジョン・F・カーターによる本書の特徴を一言で言うならば、「痒いところに手が届く」というのが最も的確だろう。プロのフルタイムトレーダーとして第一線で活躍したいという夢は、本書を手にしたあなたなら、それはもう射程内にとらえたも同然である。